行遠無涯

卜一 著

格林蘭的北國風光

號稱「東格林蘭首府」的Tasiilaq小鎮

Inuit土著是愛斯基摩人的一支,屬於蒙古人種,那些兒童看起來很像中國孩子。

船在流冰中穿行,只見大的冰山有許多層樓高,好幾個足球場大。

一個被漲潮推到岸上的流冰,很清楚地顯示出原來在水面10%及水下90%的部分。

捕海豹是Inuit人自古以來世代謀生的重要方式之一,捕獲的海豹放在冰雪上冷凍,海豹肉可食用,皮可做衣、做船,油可點燈。

塞班島景觀不凡

日軍的「最後司令部」，建在一個岩洞中，其下有殘留的日軍大砲。

島西南部的Agingan海灘，奇特的山岩石洞，漲潮時激起十幾米的巨浪。

二次大戰遺下的戰車

自殺懸崖——日軍幾百家婦孺跳崖自殺處

日軍婦孺跳崖自殺之處，立了許多紀念石碑。

菲律賓的島國風光

巧克力山丘群，有一千多座大大小小的石灰岩山丘。

薄荷島的漂流竹筏船，沿著原始森林中碧綠的溪流緩緩而行。

菲律賓典型的「螃蟹船」

一個純白的沙洲小島，白沙細柔潔白，海天一色，美哉南國風光。

在路邊隨地招手，上車付錢的「花車」

Lopez de Legazpi與薄荷島酋長Datu Sikatuna在島上插血為盟的紀念碑

▎綠島令人遐思

睡美人及哈巴狗巨岩

昔日政治犯監獄

如今「現代化」的「綠島監獄」

綠島的一個絕景──朝日海水溫泉

憶金門戰地烽火

當年古寧頭戰役共軍的指揮所——「北山古洋樓」

金門馬山眺望大陸，近在眼前

筆者在斗門駐防的堡壘

金門海灘前哨與廈門一水之隔

古寧頭戰役中國軍的坦克車——金門之熊

▌近鬧市而無喧囂的小琉球

海岸大多為隆起的珊瑚礁

街道及廟宇

琉球的大福新漁港

遺世獨立的尼泊爾

喜馬拉雅山雄冠天下

青蔥翠秀的尼泊爾田園風光

Bhaktapur的Nyatapola寶塔

潔白、壯麗的Annapurna雪山

風景幽奇，有如瑞士的Phewa湖　　Pashupatinath印度教寺廟的火葬儀式

去冰島看火山

2010年Eyjafjallajokull火山爆發，8公里高的火山灰飄揚整個歐洲。（錄自Eggertsson Visitor Center圖片）

Eyjafjallajokull火山下，劫後餘生的Eggertsson農莊

Gullfoss瀑布水勢盛大、視野遼闊、壯觀美麗。

別開生面的海鮮大宴

冰島釣鱈魚其樂無比

海螺溝冰川、大渡河探奇懷古

貢嘎山及海螺溝冰川大瀑布壯觀無比

磨西鎮街道

毛主席長征途中曾睡過的床

太平天國石達開覆滅與中央紅軍成功脫險
之處──大渡河、松林河畔的安順場

紅軍長征中英勇戰
鬥渡過的瀘定橋

川西草原：蒼茫依舊、成敗早空

羌、漢雜居的汶川

海拔4125米的黃河、長江分水嶺——查針梁子

黃河第一彎

喇嘛廟廢墟述説了在此發生的毛張鬥爭，以及殘酷的戰爭。

犛牛、牧羊遍草原

氣勢雄偉的「興盛大慈法輪洲」喇嘛山莊

▌踏破賀蘭山闕、觀賀蘭岩畫

賀蘭山茫茫林海，層林盡染，幽靜自在

西夏時期所建的拜寺口雙塔

賀蘭山岩畫——獵人與野獸

賀蘭山岩畫——類人首

賀蘭山岩畫——山羊

▎東西交流要道──河西走廊

黃河江水滔滔，蘭州市區高樓林立

嘉峪關城堡

懸壁長城

討賴河天險

討賴河兵寨

紀念霍去病的酒泉

▌萬里迢迢尋訪長江源

逗人喜愛的高原駱駝

雪峰連綿、雄偉壯觀、美麗非凡的崑崙山

長江源－原野蒼茫，壯觀無比的沱沱河，及青藏鐵路大橋

虔誠的藏教許願者

穿越高山、深谷、沼澤、大河、凍土及荒原，為世界海拔最高的青藏鐵路

▌動物之天堂──肯雅

Great Rift Valley一望無際的草原與森林

可愛的小驢拉車

長頸鹿每天只睡35分鐘，不停地吃著樹梢嫩葉

原始村落令人大開眼界

千軍萬馬的大遷徙

斑馬狡猾，喜歡與牛羚作伴以防獅、豹攻擊。

綠野繽紛、釣魚天堂的阿拉斯加

火車沿途兩旁遍地紅花（Fireweed），　愛斯基摩狗（Husky）
嬌豔奪目

Talkeetna小鎮風采多　　　　　　　　阿拉斯加是釣魚的天堂

Kenai Fjords國家公園的冰川

┃尋訪被遺忘的西夏王陵

西夏王陵景區大門

西夏王陵與賀蘭山

開國之君李元昊的泰陵

西夏文字

蜀南竹海翠秀甲天下

一條大石塊──石達開橋

湖泊與青山翠竹襯影成一副幽雅綺麗的湖 舉首高聳竹林，幽深秀麗
光山色

沿山壁岩腔而行

▍加拿大東海岸風光

St. John小城

古堡中扮演「反革命份子」的英軍

觀潮之一：退潮時，河水由內湖向外急速瀉出。

觀潮之二：漲潮時，河水由外向內湖洶湧而入。

有名的Peggy's Cove燈塔

Peggy's Cove小村

輝煌與暗淡同在的印度

動員兩萬奴工，建造22年的Taj Mahal

規模宏大，藝術水準高超的Agra Fort

雄偉的古堡——Amber Fort

Gateway of India與Taj Mahal旅館

擁擠、雜亂，垃圾遍地，僅用幾塊帆布搭起的貧民窟

造價十億美金的印度首富豪宅

有如夢幻的阿聯酋

世界最高的大樓——Burj Khalifa（Burj Dubai）

高樓聳立、令人眼花繚亂的迪拜市景

幾條街排滿了大大小小金鋪的黃金市場

號稱「七星級旅館」的Burj Al Arab（阿拉伯之塔）

迪拜河風光

美麗壯觀，造價高達十億美金的大清真寺——Sheikh Zayed Grand Mosque

訪安徒生故居憶童年

安徒生塑像

奧登塞安徒生童年故里的步行街

安徒生童年窄陋、擺滿修鞋工具的住所

安徒生的剪紙——搖椅

小舞臺上正在上演安徒生的童話故事

探訪曹操高陵與銅雀台遺址

西高穴村

一號、二號墓發掘工地

大門深鎖的西門豹祠

殘剩的銅雀台遺址

沿階登上金鳳台

三台遺址全貌

颱風無情、百姓失所

艾克颶風來襲，大樹連根拔

這片海岸被海浪衝擊後只剩一棟別墅

橋被沖斷

破碎房屋、車輛、橫七豎八的堆滿路旁。

新建的別墅

北京花卉市場

北京花卉市場

輝煌、衰落、悲慘的吳哥窟

印度教信仰濕婆（Shiva）神，代表生殖
與毀滅、創造與破壞、再生的幾重性格。

廟宇建築多被木棉樹、無花果樹的樹根如
巨蟒盤纏繞，地基傾斜，屋宇歪躓。

雕刻做工高雅、栩栩如生的大吳哥城南門
石橋

金碧輝煌、完整諧和、氣質高雅的小吳
哥窟

有「高棉微笑」之稱的巴戎廟

洞里薩湖（Tonle Sap）的水上人家一生
都生活在水上的木造船屋，主要以捕魚
為生，也在船上養豬、種菜，生活十分
艱苦。

尤卡坦半島瑪雅文明

Chichen Itza，其中心為祭太陽神的金字塔

「球場」為瑪雅人進行足球賽的地方

Tulum，當時是最重要的宗教與城市集會場所

Tulum海邊有一處古代碼頭的遺址，由此可見當時是商業、貿易的重要港口。

Altun Ha遺址

多彩多姿的喀什

喀什市區高樓林立、市容繁華

香妃墓——阿派克霍加墓

甜瓜、哈密瓜等都是甜美可口

艾提朵爾清真寺

維吾爾人居住的老區——恰薩古巷

喀拉庫里湖與崑崙山

景色、文物、資源不凡的庫車

盛名僅次於莫高窟的克孜爾石窟

奇岩怪石的紅山大峽谷

克拉二氣田基地附近的西氣東輸標誌

只剩一長條土堆的龜茲故城遺址

東亞大乘佛教的奠基者-鳩摩羅什

▌開拓台灣始自北港

北港溪與北港鎮

朝天宮為台灣歷史最悠久的媽祖廟

媽祖景觀公園高聳的媽祖雕像

開台先賢顏思齊紀念碑

佈滿麻油店的街道

炫目壯麗的觀光大橋

登徐州燕子樓懷古

1985年重建的燕子樓

觀《賽德克‧巴萊》、訪霧社古戰場隨感

霧社抗日紀念碑

莫那‧魯道塑像及其墓塚

溫泉旅遊勝地──廬山鎮

莫那‧魯道的衣冠塚

魂歸彩虹橋──馬赫坡古戰場紀念像

馬赫坡社舊址──青山、叢林、翠谷

▎我的一九四八淮海回憶

淮海戰役時，共軍浴血渡過的壕溝

親歷碾莊淮海戰役的老人攝于黃百韜司令部

戰火下犧牲的兵士

國軍使用的火焰噴射器

黃百韜自殺殉難處

序言

【推薦序】

▍深切的人文關懷

　　卜一先生《行遠無涯》的新書，是他幾十年中外各處旅行的遊記。卜一先生最佩服的幾個中國的旅行家，司馬遷和徐霞客，論起訪問的地點，他們都不過是在中國境內。徐霞客當然比司馬遷走得更遠，在中國西南和東南，也去過不少地方。卜一遊蹤所及，又比徐霞客走的更遠，涵蓋了北到格陵蘭、冰島，南到南極洲，地球七大洲，他竟都到過。在國內，他所訪問的對象，既有名勝之處、也有歷史遺跡。同樣地，在海外各地，他親身所至，有不少是已經消失的文明留下的遺跡。這本書篇幅，並不很長，卻也是他獨到的一些觀感。讀者今天能夠分享汗漫之行的心得，大家必定感激。

　　卜一先生跟我訂交，將近二十年了。有多次，他在起行以前，電話跟我商量，將要到哪裡？該看什麼？回來以後，也會告訴我看見了什麼？感想如何？這些旅程，往往都是我歷史專業有關係的一些地區。因此在與他談話之中神遊他鄉時，經過他的引導，我也有機緣和古人有如晤對。這些是我個人對他的感激：沒有這份機緣，我不可能走到那個地方去，而且即使能夠讀到其他人的遊記或者考古記錄，總不如由一個人親眼所見、口述經過，得到的印象如此深刻和鮮明。

　　他的遊記分成五類，但是我們不必跟著他分成類別來討論，我只是提到一些對我而言，印象最深的若干個例。第一，當然

是歷史陳跡，那些被遺忘許久，又被挖掘出來的馬雅、西夏、吳哥窟，三個都已滅絕的文明。那裡，除了廢墟引人遐思之外，都是荒煙漫草、塵土覆蓋。這幾個已經滅絕的文化，無論當年如何興盛，都經不起時間的糟蹋，終於為人完全遺忘。卜一從馬雅和西夏旅行歸來，曾和我討論這些古代文字的問題。西夏的文字是中國文字法之中，脫胎而出的另一個文字系統。馬雅文字也是象形文字，和中國甲骨文有點神似，但完全不一樣。從這兩個已經遺忘的文字系統之中，令人感慨：前人留下的記錄，後人不能閱讀，這麼多的記錄竟是白費。吳哥窟的時代，南海地區，富庶興旺。後來，何以被人遺棄？有人猜測，是由於瘟疫、氣候改變等等。我們討論的時候，我感覺到中南半島和今天在內地的西夏遺址之間，他們時代相近。唐宋之際，中國西南和北方之間，曾有一條西南絲道；經過這一穿越南北的道路，南海的許多資源，運到北方的內陸，再從那裡轉運到歐洲。同樣地，中國草原上的資源，也經過這條通道運到南洋各地。從這兩個遺址來看，我們幾乎可以想到他們的興盛，是由於這條通道的存在，他們的衰敗是因為有了其他通道，取而代之。撫古思今，今天的世界從航海時代到空運的時代，也已經將許多航海時代的重要通道，丟在大路之外。

　　第二類個例：他在格陵蘭、冰島等處的觀察，那些地方維生的資源太少，在北極圈邊緣，除了動物皮、肉、骨、油以外，再無其他生活資源。可是，當地居民一樣可活下去，一樣可在缺少我們平常平衡的營養之時，發展出一套身體生理和自然生態之間，互相調適的生活方式。使我們想像：今天我們正在浪費地球的資源，是不是有一天，我們也不得不設法發展另一生活方式？

　　第三類給我的感觸，則是他提到現代史上的遺址。這些幾乎都和中國內戰有關；從大渡河和川西草原的遊歷見聞，我們能夠體會到，有關政治的歷史，到底有多少可信性？這個就是身歷其境的人，才能真正發現史實的真相。本書最後一章，敘述的是一九四八年徐州附近國共兩軍最後一次決戰的戰場。卜一自己是徐州人，所以在這裡的感受，就不是一個旁觀者，而是切身的感受。一九四八年，淮海，或者徐蚌，那一次戰役，國共雙方動員了超過百萬的軍隊，互相廝殺；戰場附近的村莊幾乎剷平，還有數十萬的當地百姓被牽入戰爭。那一戰決定了中國內戰的勝負。讀到這章，我也感慨萬千：這一次百萬人以上的大會戰，是中國歷史上從古未有的規模；在世界歷史上，也只有二次世界大戰，歐洲戰場上幾次大會戰，可以與此相比。如此規模的會戰，不是為了抵抗外敵，而是兄弟鬩牆。如果當年抵抗日本，國共雙方真是密切地合作，毫無疑忌，共同抵抗強敵侵犯，這一百多萬戰士的血，可能就從此把日本人趕出去了。中國的建設會提早多少年？世界和平是否更早到達？歷史是無情的，人類不斷犯錯；在今天，我們也是當事人，讀了那些記載，能不為之感慨唏噓？

　　當然，這本書還有許多自然風景的報導，以及對於異鄉風俗的觀察，也都可以提供讀者許多閱讀的樂趣和難得的訊息。作為讀者之一，我對卜一先生這本遊記，特為介紹：希望有心人讀這本遊記的時候，不是單單看其中的風景，也看到其中深切的人文關懷。

許倬雲

2012.8.8

（歷史學家、中央研究院院士、匹茲堡大學史學系退休名譽教授）

┃大海之浩瀚，一望無涯也

《馬遷筆霞客行　亭林志東坡情　吐溫諧雕龍心》

夫子曰：「登東山而小魯，登泰山而小天下。」此國人耳熟能詳之名句也。

余曰：「與此相應，精讀聖賢經典，而大悟；悅讀卜一遊記圖文，而大天下。」

卜一先生，余近甲子之老友也，而於鄉校之學，凡三同焉。今先生將出版其旅遊見聞，評點歷史系列之次集，命故人作千字之文以序之，以榮舊友。余初聞之，欣然而喜，再閱樣本，方知余文將置於歷史大師宏文及考古學者細筆之間，兩大之間難為小，惶恐終月，乃強湊一題，三言六義，一十八字，以量充質，略述雜見以應卯焉。

先生大作二部，首名《走不遍的天下》，次曰《行遠無涯》，又有數十篇文章等待付梓，其勢若快艇飆過百重山，欲評其景，漫不可得。故欲評點先生之書，猶如夸父追日，以有限之凡識，逐無窮之博文，雖復起余鄉前輩飲冰室主人，亦不能至，況後生之拙筆乎？因借「書如其人，文如其人」之義，略述其人。苟知其人，得其用心，雖十書百文亦得識義，若陸士衡《文賦》之所言也。

先生之祖，徐州之殷商大富也，平生樂善好施。（見本書壓卷之作：〈我的一九四八淮海回憶〉）其父則雅好文藝，專攻繪

8

畫戲劇，與兩岸多位著名文人、畫家皆為摯友，如義助李可染等大畫家及推動戲劇等等，皆事隱而不外述。故以此淵源之家學，先生雖長於數理，又獲機械博士，復為石油公司領導，然於文藝書畫，自幼耳濡目染，故其行文攝影，自有文人藝者之手眼。及其棄高薪而專意於「立言」，則一夜之間，能書數千言，述史、立論、賦景、寫情若快刀之砍瓜切菜，一週之間，刊文於大報常數起，題目內容則「上窮碧落下石油，揮灑七洲若擺頭。訝問快筆誰人授？家傳彩筆故不愁。」

　　先生二書雖外觀若「旅行導遊」之類。然讀者若細審之，則見其文章乃縱論細考〈地理、歷史、文化、文學〉之作，以地領史，據史演文。觀其旅遊選材，多為「義在地先」，「疑在行前」。是以非有重要歷史、政治、經濟、軍事、文明文化、文學藝術之地，則不往焉。此書法家所云「意在筆先」及「書法三達：文達義，字達情，書達識」是也。至於體力、腳力能遍行中國東西南北各省，攀登世界荒寒高嶺如履平地，下水則能搏於浪潮旋渦，而於世界歷史戰爭筆記，過目不忘……凡此種種，皆非常人所能。是半為天縱，半為後天鍛練所至也。

　　因此，余序文之題義，乃云其論歷史大事，解政軍大案，大有「司馬遷之史筆」（語出歐陽修詩「詳明左丘辯，馳騁馬遷筆」）；訪幽探險，若徐霞客之壯行，而游泳及論政言兵，則又勝於霞客先生書中多描述風景地理而已。先生每至一地，亦如全祖望記顧亭林「所至厄塞，即呼老兵退卒詢其曲折；或與平日所聞不合，則即坊肆中發書而對勘之」。書中〈登燕子樓懷古〉一篇，則因東坡之詞情而往訪，並接引一位綽號「坦克」之舊部，進入詩詞之殿堂。除此之外，先生文章另有一特點，為

一般地理、歷史、政經、軍事學者所不到，即國人所缺乏之「幽默感」是也。余嘗環顧中西古今文人作家，能融地理、歷史、文化、文學於一爐慨論之，而其文復具幽默感並能雅俗共賞者，屈指未堪數也。有之，美國之馬克吐溫乎？《金剛經》云：「一切聖賢，皆以無為法，而有差別。」余因以「吐溫諧」以見先生之「絕學」。至於「雕龍心」，前修劉勰《文心雕龍》起「雕龍」之首，余則以《斌心雕龍》望塵。而卜一先生，雖為旅美之僑領，然於中國探礦、鑽油、政治、教育……，皆一心祈望進步而協助之，批評之，實為一愛國之「雕龍」志士也。先生《走不遍的天下》出版於「虎年」，而本書《行遠無涯》將出版於「龍年」，豈非有意而為虎嘯龍吟乎？余觀乎劉舍人《文心雕龍》篇篇有贊，因以余之旅遊舊詩讚此「行萬里路，讀萬卷書」之大作。詩曰：

《青海行》壬午秋初絲路記行並論學焉

　　黃土高原上，黃河滾滾流；青山似青海，青海無盡頭。

　　跋：學問之道，豈非當如立足於高原之上，坤德載物，而創意又如長河大川，滾滾不絕，再復見山似海，終至心胸開闊，如大海之浩瀚，一望無涯也。

林中明

（加州作家協會會長、美華藝術學會會長、

中國《詩經》學會顧問、

山東國際孫子兵法研究交流中心特邀顧問）

【自序】

行遠無涯

孔子曰：「智者樂水、仁者樂山。」又曰：「登東山而小魯，登泰山而小天下。」

太史公司馬遷自序道：「二十而南游江、淮，上會稽，探禹穴，闚九疑，浮於沅、湘；北涉汶、泗，講業齊、魯之都，觀孔子之遺風，鄉射鄒、嶧；戹困鄱、薛、彭城，過梁、楚以歸。——奉使西征巴、蜀以南，南略邛、筰、昆明，⋯⋯。」

蘇東坡云：「惟江上之清風，與山間之明月，耳得之而為聲，目遇之而成色，取之無盡，用之不竭，是造物者之無盡藏也，而吾與子之所共適。」

徐霞客自幼「侈博覽古今史籍及輿地志、山海圖經以及一切沖舉高蹈之跡」，乃「志在四方，問奇於名山大川。⋯⋯望險而趨，登群峰之巔；探洞，覓奧而逐，務達幽穴之邃，⋯⋯，衣礙則解衣，杖礙則棄杖，穿棘則身如蜂蝶，緣崖則影共猿鼯。」出遊三十多年間，東渡普陀，北歷燕冀，南涉閩粵，西北直攀太華之巔，西南遠達雲貴邊陲，足跡遍十四省。

吾才學不足，忝慕古聖先賢，尋先人舊蹤，盡遊中、台、亞非、歐美，北至格林蘭、南涉南極、西越喜瑪拉雅山、東及復活節島，足跡遍七大洲，觀山川海宇、體民俗風情、覓古今軼事。

前曾草撰《走不遍的天下》，現續以本書，敘見聞、述觀感，謹呈讀者指正。

卜一敬識

飲馬長城窟

濯足萬里流

CONTENTS

036 【推薦序】深切的人文關懷／許倬雲
039 【推薦序】大海之浩瀚，一望無涯也／林中明
042 【自序】行遠無涯／卜一

▌寰海篇

048 格林蘭的北國風光

058 塞班島景觀不凡

065 菲律賓的島國風光

070 綠島令人遐思

075 憶金門戰地烽火

083 近鬧市而無喧囂的小琉球

▌峻嶺篇

092 遺世獨立的尼泊爾

101 去冰島看火山

112 海螺溝冰川、大渡河探奇懷古

119 川西草原：蒼茫依舊，成敗早空

127 踏破賀蘭山闕、觀賀蘭岩畫

131 東西交流要道—河西走廊

| 探幽篇

138　萬里迢迢尋訪長江源

145　動物之天堂—肯雅

154　綠野繽紛、釣魚天堂的阿拉斯加

161　尋訪被遺忘的西夏王陵

167　蜀南竹海翠秀甲天下

172　加拿大東海岸風光

| 采風篇

178　輝煌與暗淡同在的印度

189　有如夢幻的阿聯酋

196　訪安徒生故居憶童年

201　探訪曹操高陵與銅雀台遺址

208　颱風無情、百姓失所

216　北京花卉市場

| 拓古篇

220　輝煌、衰落、悲慘的吳哥窟

233　尤卡坦半島瑪雅文明

240　多彩多姿的喀什

245　景色、文物、資源不凡的庫車

253　開拓台灣始自北港

257　登徐州燕子樓懷古

261　觀《賽德克・巴萊》、訪霧社古戰場隨感

266　我的一九四八淮海回憶

272　【評論】用思辯的眼光行走天下／黃劍華

275　致謝

寰海篇

冰川、雪山、流冰、碧海，千里冰封，寫盡了格林蘭的北國風光。
凌晨時光，海面平靜如鏡，雪山、民屋倒影如真，萬籟俱寂。
萬里迢迢來到這世界的盡頭，致遠而寧靜，令人陶醉。

▌格林蘭的北國風光

　　格林蘭（Greenland）是世界最北、最大的島嶼，地處天涯海角，天寒地凍，一直少有人問津。我與老妻數度由美前往歐洲或中東，空中掠過格林蘭，鳥瞰冰川峻嶺，壯麗非凡。經多方尋索，選了在夏初親往一遊，領略了千里冰封的北國風光。

遠及天邊的流冰

　　我們先到冰島遊覽數日，然後由Reykjavik搭乘僅可載四十人的雙螺旋槳小飛機飛往格林蘭。飛了約一小時四十分鐘，見到茫茫大海中有稀疏的流冰（冰山、Iceberg）連串如珠。不久飛凌流冰海域，整個海面遠及天邊盡是大大小小的流冰。又飛行了一陣，見到山崖陸地，很快飛機就降落在kulusuk的一個小型機場。當天是6月27日，但四處冰雪、遠方冰川（Glacier）覆蓋崇山峻嶺，流冰漂滿碧海，這就是北國的初夏。

東格林蘭首府——Tasiilaq小鎮

　　我們在kulusuk機場等候約半小時，搭上直升機凌空，翻過幾座山巒、島嶼，鳥瞰碧海、流冰及冰川，蔚為壯觀。約十分鐘，眼下出現一個海灣，見到紅、藍、綠、白各色的房舍稀疏地點綴在海灣山巒。此乃號稱「東格林蘭首府」的Tasiilaq小鎮。降落後車行約五分鐘到了位於山腰的旅館，在此整個小鎮與海灣一覽無遺。

Tasiilaq現有人口僅1900人，加上附近的kulusuk、Kuummiut、Isortoq、Sermiligaaq和Tiniteqilaaq五個小村組成Ammassalik地區，總人口為3000人。但這裏卻是2900英里長的格林蘭東海岸人口最稠密之地。

　　Tasiilaq，格林蘭土著Inuit語為「像一個湖」，是指此處的海灣（Fjord），而Ammassalik是指Ammassat，乃是此地每年初夏到此產卵的毛鱗（Capelin）魚群。由於北大西洋的暖流沿歐洲由南向北，與北冰洋的冰封及岸邊的冰川衝擊，流冰（冰山）破裂（Calving）分離，緩慢地沿格林蘭東海岸向南漂移，造成世界最大的流冰區域。同時也使格林蘭東海岸整年大多時間被冰封，船隻無法航行，是以東格林蘭開發較西格林蘭困難，人口也少得多。一部分未溶化的流冰繼續向南，進入大西洋的北海；另一部分未溶的流冰沿西格林蘭的海流向北走，是以西格林蘭海岸積冰較少，也成為格林蘭人口較多的地方。

　　據考證，約四千年前原居加拿大的一批Inuit人沿格林蘭東海岸，划舟南下來此定居。但由於氣候條件差，謀生艱苦，後居民消失，不知所終。此地有許多世紀無人居住。直到十四五世紀，另一批Inuit人再來此聚落，以打獵、捕海豹、捕魚為生，五、六百年來與大自然搏鬥，經歷無數艱辛，繁衍至今。

　　我們在Tasiilaq鎮上見到的大多是Inuit土著，他們是愛斯基摩人的一支，屬於蒙古人種。那些兒童看起來很像中國孩子。鎮上有一個學校，總共約四百個學生，學生從六歲到十五歲在此接受義務教育。學校裏還有約一百個老師及行政、工作人員。這學校乃是本鎮人口最多的機構。鎮上還有一個醫院及一個市政府。以上三處乃是此地人最重要的就業所在。這裏的漁業並不發達，沒

有像西格林蘭有具規模性的商業捕魚。主要是此地長年被流冰封凍，無法航運。當天我們看到一艘中型貨輪在港內，當地人告訴我們這是今年第一艘來此的補給船。兩週之前，這裏的海灣還被冰封，不能行船。七月、八月還會有兩艘補給船來此，這也就是每年三次的海運補給了。九、十月之際海岸再度被冰封，不再能航行。

日用品價格貴得驚人

鎮上有一個小博物館、一個旅客中心，都了無什物。還有一個菜市場（Supermarket），我進去逛了一下，發現這裏的日用品價格貴得驚人。譬如一個六英寸直徑的小西瓜居然要賣十四塊美金，五英寸的包心菜要六塊美元，一個小番茄要兩元美金，可想此地生活之艱難。但在鎮上見到的成人、孩子都輕鬆怡然。這裏與世隔絕，除去了許多塵世糾紛、煩惱，真是一個世外桃源。全鎮十分潔淨。只是在鎮旁有一塊空地堆滿垃圾。導遊說此地無法建造廢物處理的設施，只得將垃圾集中於鎮郊，因地廣人稀，也無大礙。

鎮上有一個足球場，見到兩隊正在賽球，可見足球是此地夏日主要的體育活動。漫長的冬天，人人都得滑雪，一定也出了不少競賽的好手。

小鎮的屋子都是木造的，但此地不長樹木，是以木材必須由海上運來。一般的房頂都有很大的傾角，冬日易於排雪。時值初夏，正午的氣溫可達攝氏幾度到十度，但海風吹來卻不勝其寒。太陽光耀眼明亮，但不感曬熱。家家戶戶屋外都曬滿洗好的衣服，隨風飄蕩。這裏的夏天是沒有夜晚的，太陽到下午十一點多落到山后，但整個海灣還是明亮有如白日，照遠景相片也不需用閃光燈，過兩三小時太陽又升起了。

流冰──冰山

我們搭小船出海灣到外海去觀賞流冰（Iceberg）。當日陽光普照，但航行中寒氣襲人，才足實領略到北國千里冰封之寒。出了海灣就見到一些零星的流冰。愈向外海，周遭的流冰就愈多、愈大了。這裏的流冰主要是由北冰洋漂流而來，但也有少量是附近冰川及岸邊積冰分離而造成的。流冰慢慢向南方漂移。

我們的船在流冰中穿行。只見大的冰山有許多層樓高，好幾個足球場大，但也有小的只有幾米長。因為冰的比重約為海水的百分之90，是以冰山露在水面的部分僅為其總體積的十分之一。可見再大的船隻都經不起冰山一撞。百年前的鐵達尼號（Titanic）沉船慘案就是因為撞到了由這裏南流的冰山。

這些流冰形形色色，有的平坦廣闊，有的高聳若山丘，也有拱門似的環洞，還有些奇型怪狀，如魚、如獸。有的流冰佈滿氣洞，也有些是深藍色的藍冰（Blue Ice）。清澈的海水可見到水下的冰山，的確是深不可測。其後我在旅館旁的海邊見到一個被漲潮推到岸上的流冰，很清楚地顯示出原來在水面百分之十及水下百分之九十的部分。這大自然的美妙令人驚歎。我們在流冰群中倘佯了一、兩小時，盡興而返。

未到山花爛漫時

早上三點鐘被旭日照醒，再難以入眠。於是整好行裝，獨自出外散步，走下山坡，穿越「鎮中心」，見到一兩個早起的居民，都很客氣地與我打招呼。我問他們物價那麼貴，生活怎麼過？他們說這也是此地紀念品及書籍貴得驚人的原因。一般人賺

的現金也不多，大多還保持傳統的打獵、捕海豹、捕魚的生活方式。遇到一個衣著整齊、四五歲的小男孩，他特地擺了個姿勢讓我照相。

過了鎮中心，爬坡而上，不久見到一片墓地，這乃是當地居民祖先安息之地。奇怪的乃是每個墓都沒有墓碑，這也是Inuit人的風俗。一條小溪由山澗蜿蜒而下，溪水清晰、潔淨。四處可見積雪。據旅館經理說這山谷到盛夏之時，野花齊放、爭豔，美麗非凡。以前我們曾去過幾處高寒的地方，看到的花卉都是嬌豔無比，「好花不常開」非虛傳也。六月底在此尚屬初夏，還未到山花爛漫時，只見到幾叢小花。溪水、白雪、瀑布、小潭及山巒的倒影，整個山谷寂靜無聲。萬里迢迢來到這世界的盡頭，致遠而寧靜，令人陶醉。

格林蘭今昔

格林蘭總面積為218萬平方公里，約為中國或美國的四分之一。但總人口只有5萬7千人，平均40平方公里才有一個人，是世界上人口最稀少的地方之一。據聞全國僅在首都Nuuk有四個紅綠燈。與火山噴發不斷的冰島大不相同，格林蘭沒有任何火山，其地層基岩是加拿大地盾（Canadian Shield）的延伸，形成於30億年前。格林蘭由三個主要大島組成，其表面被冰帽（Ice Cap）連接，覆蓋了百分之85以上的面積。冰川平均厚度為1500米，最厚的部分有3000米。這裏的冰帽如溶化，全球的海平面將上升六米。

930年，挪威人Gunnbjorn Ulfsson在航海中見到格林蘭，這是歐洲人最早發現格林蘭的記錄。五十多年後，Erik Thorvaldsson

（Erik the Red）在冰島因殺人犯罪被放逐。他於982年帶領少許徒眾來到格林蘭勘查、暫居。三年後他想回冰島居留未遂，乃決心在格林蘭墾荒。Erik很會出點子，他為了招攬徒眾，將這塊天涯海角、冰天雪地之地正式定名為格林蘭，也就是「綠島」。果然吸引了不少人。986年夏，Erik率領了二十五艘船，帶上牲口及補給品，浩浩蕩蕩地駛向格林蘭。其中有十一艘船在風暴中迷失方向而折返，其他的人均到達格林蘭西岸，開始安寨墾荒。這些維京人（Vikings）又被稱為Norsemen。後來格林蘭墾荒的農戶多達三到五千人。同時開展了與挪威及其他歐洲國家的貿易。

Erik的兒子Leif Eriksson為了尋找造船及建房屋所需的木材，起航向南航行，於1001年到達今日的紐芬蘭（Newfoundland）。他定名此地為Vinland。這是歐洲人踏上美洲大陸之始，比哥倫布發現新大陸要早了491年。

Norsemen人在格林蘭墾居四百多年，其後由於至今未明的因素，到1408年後居民消失、中斷。丹麥政府於1605年宣稱格林蘭為其領土。其後基督教傳教士及丹麥政府有計劃控制及安頓Inuit土著，丹麥得以有效管轄格林蘭。二次世界大戰中，希特勒席捲歐洲，丹麥被德國佔領，但德軍未能遠顧格林蘭，僅派了十多人在格林蘭東北海岸設了一個氣象站，後被美軍發現、驅逐。二戰期間，美國在格林蘭設有十六個雷達站、飛機場等軍事基地。現僅在北方的Thule還有一個空軍基地及機場。

二次大戰後，格林蘭人積極爭取自治。丹麥政府最終於1985年給予格林蘭高度自治權，除外交、軍事外，格林蘭自設國會管理政務。當今格林蘭的首要經濟來源是漁業，其次是旅遊，還有少量的鋁土礦。是以格林蘭需要丹麥給予大量的援助。最近西

方石油公司EXXONMOBIL、CHEVRON、HUSKY、CAIRN、DONG等正在格林蘭西海域Baffin Bay進行石油勘探作業。格林蘭人都希望能找到豐富的能源以解其經濟之困。但另一方面也擔心會發生有似阿拉斯加、墨西哥灣的污染問題，破壞了格林蘭的自然景觀與生態。

愛斯基摩人的小村——kulusuk

我們在Tasiilaq過了一夜，第二天中午搭直升機去kulusuk島。kulusuk現總人口僅約三百人，聚集在一個小村落。居民多以打獵、捕海豹、捕魚為生。上世紀美蘇冷戰時期，美軍於1958到59年在島上海拔255米的山頂建了一個雷達站，同時也在島上築了個機場，開啟了Ammassalik地區對外的空運。

我們的旅館距村落有一英里的距離，孤零零地坐落在海邊，海上流冰屢屢，對面的島嶼及遠處冰川、白雪盈野。旅館的設施及服務很好。有幾個從丹麥來的青年服務員已在那裏工作幾年，夏日長晝，旅客多，工作忙；到了冬季數月漫長的黑夜，沒有旅客，他們也怡然地享受風雪中的寧靜。在那裏遇到好幾個台灣來的旅遊團，旅館經理說台灣團已成他們最重要的顧客之一。

早上三點鐘，我從旅社沿著一條土路步行去kulusuk小村，路兩旁的積雪還有一米多高。走到村旁見一內陸湖，附近高坡在冬天的積雪，入夏後溶化填滿湖面，這就是小村居民飲用的水源。村民建有泵站，用絕緣水管輸送到各家使用。進入小村，坡上、坡下房舍不少，首先看到許多愛斯基摩狗（Husky），大多是白色，也有花棕色的。他們是Inuit人每家不可缺的成員，此地平均每一個人就有兩條狗。這些狗耐寒、善跑，在漫長的冰天雪地中

牠們拉的雪橇（Sled）是最重要的交通、運輸工具。到了夏天，牠們無事可做，都被用鐵鏈綁在戶外，幾天才餵一次。

看到他們捕獲的海豹（Seal），有的放在冰雪上冷凍，有的已宰殺破腹，血跡斑斑。肉可食用，皮可做衣、做船，油可點燈。捕海豹是Inuit人自古以來世代謀生的重要方式之一。

見到幾個早起的居民，都很友善。有個人在整理他的船，我打算跟他出海去釣魚。但他告訴我，這裏一般人多去捕海豹，釣魚的很少。我的釣魚計劃只得作罷。

凌晨時光，海面平靜如鏡，雪山、民屋倒影如真，萬籟俱寂。這真是個安詳、和諧的小村！

冰川之旅

我們從kulusuk小村登小艇到海灣對面的島嶼去看Apusiaajik冰川。這是一個依山坐北向南的小型冰川。小艇向北航行約二十多分鐘，進入了流冰區，這裏的流冰大多是由Apusiaajik冰川及附近海面冬日結冰崩塌、分離而成，形形色色，佈滿海灣。六月底，海灣水面的大部分冰雪尚未解凍，是以我們無法航行到冰川之畔。遠望冰川，不時有雪坍巨響，流冰分離漂移。據聞，有部分流冰向南而流，也有些留在海灣裏，終年不致全部溶化。

這冰川、雪山、流冰、碧海，千里冰封，寫盡了格林蘭的北國風光。

冷戰留痕

上世紀美蘇爭霸，冷戰四十多年，很多事以現在的眼光來看可謂荒謬可笑，譬如柏林圍牆，以及南韓747客機被蘇聯戰鬥機

擊落，帶走了我的一個朋友。在kulusuk的美軍雷達站引起我的
興趣，遂參加了一個小隊，一早隨導遊乘吉普車登山頭觀景。沿
山路蜿蜒而上。這條路是1958年9月美軍建雷達站時修建的，如
今路邊還留下一些修路的機器。這一路沒有一棵樹，滿山都是岩
石。導遊說冬季路上的積雪高達三到五米，今年夏天來的較晚，
大地上還有許多積雪，往年此時四處已野花盛開了。

　　到了山頂，見到一處平坦寬闊的空地，其上留有當年美軍建
築的地基。這些建築在上世紀90年代就撤除了。山頂尚留有高聳
的天線架及一個小控制室。在山頭東望大西洋，大大小小的流冰
佈滿海面，西望內海蒼藍，流冰、冰川屢屢，kulusuk島山巒起
伏，白雪蒼茫，風景絕佳。這裏沒有人聲、車聲、鳥聲，寂靜安
寧。據導遊說當時美軍雷達站的十幾個兵士就是在此度過了他們
的幾許寶貴青春。

地球升溫（Global Warming）

　　從十五世紀開啟的航海大發現時期，許多航海家都曾探討
過從歐洲經北方海域到遠東的捷徑。但所有的探險者不是喪生北
國，就是無功而返。但近年來由於全球溫度上升，格林蘭之北由
北冰洋通往亞洲的海上航道在夏日已暢通，格林蘭的冰帽也逐漸
縮小。海豹、鯨魚的捕獵也造成生態的改變。地球升溫及保護生
態現為世人爭論的重要議題。格林蘭首當其衝，它的地貌變化
將影響整個人類的生存環境，是以格林蘭將成為未來舉世矚目
之地。

尾聲

　　我們在格林蘭待了三天，搭機飛回冰島。在飛機上又見到海上遠及天邊的流冰，及冰雪、冰川覆蓋的崇山峻嶺。回思那有如世外桃源的Tasiilaq小鎮，和萬籟俱寂、安詳、和諧的kulusuk小村，那些遺世獨立、純樸的Inuit居民，這北國風光將令我畢生難忘！

▌塞班島景觀不凡

　　塞班島（Saipan）是北馬利安納群島（North Mariana Islands）中的一個島嶼，距菲律賓、台灣、日本較近。這裏並非旅遊熱點，但近年來有許多華人來此工作、居留，也開啟了旅遊觀光。為了領略那兒的太平洋風光以及探尋二戰舊事，我與老妻前往塞班作了五天的遊歷。

塞班滄桑

　　我們參加一個旅行團，由北京起飛約五小時降落在塞班島南端的機場，已值深夜，搭車去位於Garapan的旅館。次晨導遊來接我們，他首先將塞班做了個簡單的報告。

　　塞班島面積只有185平方公里，主要為火山岩。從空中鳥瞰，全島像一隻長嘴的山豬。塞班位於北馬利安納群島的中部，馬利安納群島是2千5百萬到5千萬年前由於兩個地殼板塊相擠疊起的侵入運動（intrusion）而突起的火山群島，同時造成了其東面世界最深的馬利安納海溝（Mariana Trench）。五千年前的新石器時代，島上就有Chamorros人居住。1521年麥哲倫（Ferdinand Magellan）環航世界，見到了北馬利安納群島南部的關島（Guam），宣稱該群島為西班牙領土。其後西班牙人非常殘酷，將Chamorros人幾乎殺盡。19世紀初，東加洛林群島（Eastern Carolines）的Truk（Chuuk）人遷來此地。

西班牙人在美西戰爭（1898年）失敗後的第二年將關島割給美國，另外將塞班及其他一些北馬利安納群島中的島嶼賣給德國。一次世界大戰時，日本出兵佔領塞班等島嶼。一次大戰結束後，國聯將這些島嶼暫交日本託管。其後日本侵略中國東北，國聯聲稱為「侵略行為」，日本蠻橫地宣佈退出國聯（1935年），接著併吞塞班等島，在塞班駐有重兵作為其侵略太平洋的前哨。太平洋戰爭中，美軍於1944年夏攻佔塞班島。二戰後，北馬利安納群島由聯合國交美國託管40多年。1986年，塞班由公民投票決定歸屬美國，成為美國聯邦（Commonwealth）一員。現塞班島人口約八萬多，其中兩萬為中國移民或從事成衣等商業的居民。

塞班島之戰

珍珠港事變後，北馬利安納群島成為極重要的戰略要地。美國在中太平洋擊潰日軍後，向北太平洋進攻。當時美國空軍轟炸日本本土，因航程所限，原由航空母艦，後改為成都起飛，但都有許多困難。而如能佔領塞班，修建機場，則可由此起飛直接襲擊日本。是以塞班島成為必爭之地。1944年6月15日，美國出動500多艘戰艦、950架飛機及7萬多登陸部隊攻擊塞班。當時日本在島上共有3萬1千守軍，並建有幾個機場。美軍主力由島南部的Chalan Kanoa沙灘登陸，鏖戰24天，全島滿目瘡痍，2萬9千日本士兵陣亡，僅兩千人被俘。最悲慘的乃是當時日本軍國主義的愚昧教育使得幾百家的日本婦孺盲目地在北端海岸懸崖集體跳海自殺，成為太平洋戰爭中最悲慘的事件之一。另外有少數日軍在叢林中頑抗，直到1945年12月才放下武器。

Amelia Earhart 的神奇失蹤

在塞班島，我們見到一個紀念Amelia Earhart 的石碑，也聽到當地人敘說她的神奇失蹤及流傳她死在塞班的故事。Amelia Earhart 是20世紀早期飛行史上與林白（Charles Lindbergh）齊名的風雲人物。她是當時少有的女性飛行員，同時從事女權運動，為普渡大學（Purdue University）航空系客座教授，曾作過多次遠洋飛行。

1937年7月1日，她與領航員Fred Noonan兩人駕機由新幾內亞（New Guinea）的Lae起飛，向東前往Itasca途中失蹤。當時驚動世界，美國曾派海軍搜索多日。其後她的丈夫George P. Putnam繼續自行出資尋索，但均沒有發現任何蹤跡。

Amelia Earhart 的失蹤成為七十多年來世界上的一大離奇故事。曾有許多的文章、書籍、影片推論、解說此事。直到最近還有人繼續在尋找她的遺蹤。如今在塞班島還流傳一種說法，宣稱她乃是受美國政府指令，飛過當時在航線附近的日本軍事基地，結果被日軍捕獲，被送到塞班島監禁，最後被殺害。島上有幾個原住民聲稱她們幼時（上世紀30年代）曾見到一個中年美國女人被日軍看管。

Amelia Earhart 失蹤後一週，日本發動了全面侵華的七七事變，舉世震驚。而當時日本在太平洋上不斷擴建軍事基地，與美國針鋒相對，美日關係日趨緊張；以後二戰的發展也顯示當時她飛過的那些海域的確是戰略要地。雖然美國官方一再否認Amelia Earhart 為美軍進行偵查活動，而日本也宣稱他們與此事無關，但幾十年來許多人都認為美軍的聲明是「此地無銀三百兩」，而日

本的說辭乃「隔壁李四不曾偷」。至今這些故事猶不斷傳頌，也為塞班島添增了不少人文風采。

天寧島——世界最忙碌的機場與原子彈基地

美軍攻佔塞班島後一週（7月23日），開始進攻其旁的天寧島（Tinian）。當時天寧島上有八千多日軍守衛，由Takashi Ogata大佐指揮。他非常頑固，下令必須戰至最後一兵一卒。經過八天激戰，Takashi Ogata與島上的八千日軍幾乎全部陣亡，但極少數零星的日本士兵猶在叢林中繼續抵抗到次年一月。

天寧島距日本本土為兩、三千英里，當時B-29的全速可達每小時358英里，機上載油量可供來回飛行。美軍佔領塞班與天寧後，選擇天寧島建築了四條可供B-29起降的跑道。從此所有轟炸日本及其前緣島嶼的飛機均由此起飛，天寧島成為當時世界上最忙碌的空軍基地。更重要的乃是美軍在天寧設立了原子彈基地，其後在廣島（Hiroshima）和長崎（Nagasaki）投下的兩顆原子彈都是在天寧島組裝，然後B-29由此起飛完成任務，促使日本投降。

三十多年前，我有個老美同事年輕時就在天寧島基地駕B-29轟炸機。據他說他們當時就知道島上有一組B-29是準備執行「特種任務」的。看到他們在空中練習飛行的情況也很奇怪，大家也猜不出他們到底要幹什麼？有一天他出任務去轟炸東京，他的一組擔任去航的飛行，完成任務後換班，他們就睡覺了。卻在睡眠中被叫醒，原來機上聽到廣播說美國空軍剛剛在廣島投下一顆威力無比的「原子彈」。這引起他們在機上幾小時的討論：「哪會有那麼大威力的炸藥？如果有那樣的東西，還需要我們那麼多

戰士嗎？我們還會有飯吃嗎？」最後討論的結論乃是：「這肯定是
美國軍方又一次『牛皮宣傳』（BS Propaganda），不可當真！」

天寧島賭場及B-29基地

我們由塞班乘船約一小時到天寧島。這個島面積與塞班相
似，但沒有山巒，地貌較平坦，二戰前為種植甘蔗之地，現此地
已沒有製糖工業，荒野裏到處是野生甘蔗。我們首先去了一個賭
場。這個賭場規模不小，裝潢豪華，但賭客並不太多，倒是成了
遊客休閒的好地方。

見到當年美軍的B-29飛機跑道，的確很長。以前日軍在叢林
中的堡壘還殘留在那。我們去參觀了當年裝配原子彈的現場。在
那裏有兩個紀念牌子。原子彈先是在美國新墨西哥州實驗成功，
然後一個用軍艦，另一個用飛機運到此，再行裝配。1945年8月
6日凌晨2點45分，一架B-29由此起飛，六小時半後抵達廣島上
空，投下這顆稱為「小男孩」（Little Boy）的原子彈，頓時造成
11萬8千死亡、8萬人受傷、3千6百人失蹤的慘局。三天後，第二
顆原子彈──「胖子」（Fat Man）再度由天寧島安裝、起飛後投
到長崎。

在此我深深體驗到科技進步之神妙以及戰爭之恐怖。日本人
民和中國人民一樣在二戰中都經歷了慘痛的蹂躪，這都是日本軍
國主義帶來的災難。

塞班海天一色風光明媚

塞班島除了人文景觀之外，景色也很美麗。最可貴的乃是
「人稀自然」。這裏並非太平洋上的旅遊重點，是以沒有一般旅

遊熱點的喧囂與污染，保留了美麗、明媚的自然風光。

本島的東北海邊有個一平方公里大的Managaha小島。全島都是白沙，島上長滿樹木，沙灘美麗淨潔，吸引了不少遊客。我們到那去游泳，潛望礁石。見到海邊幾個二戰遺下的戰車，以及日軍防守用的重炮，令人領略當時戰況之激烈。

塞班島的西海岸有許多火山熔岩（Lava）形成的海灘。我們到那海邊見到海水深藍如靛，巨浪拍岸，驚濤裂岸。

島的北方海邊有個鳥島，乃是候鳥棲息之所。每至秋季，各種候鳥飛來過冬，初春則返回北方。我們去時正值晚春，鳥群已去，但還是見到少量的鳥留在那裏。

我們到島的西南的Agingan觀看海景，主要是奇特的山岩石洞在漲潮時激起十幾米的巨浪，以及沖擊洞穴的洶湧。大家都脫了鞋，穿上雨衣，走到海邊迎浪淋漓，大有「海浪滔滔我不怕」之勢。只是導遊一再提醒大家不要走得太近海岸，因為真有人曾被巨浪捲走。

島的中部為Tapochau山，海拔1550英尺，為全島的最高點。我們到那裏鳥瞰全島蒼林翠秀，對映著碧海蒼天，靜謐壯麗，真難想像六十多年前美日兩方在此進行了一場大廝殺。導遊指著山下遠處的一個小湖，說那原為島上唯一的淡水湖，但當日軍在向島的北部撤退時，曾殺了不少當地土著及帶來的慰安婦，拋棄在湖裏，同時灑了毒藥。至今湖水無法飲用。島上居民也一直流傳鬧鬼的故事，一般人不敢到湖邊去。塞班沒有河流，現在主要的飲水是靠搜集天然雨水或由外地運來。

在山上我們見到一個山泉。據說這是當年西班牙傳教士到此禱告發現的。那裏還留下幾間老舊的西班牙建築。南太平洋的島

嶼都不生長米、麥，但芋頭長得很大，是原住民的主食。

島的北端有一處潛水勝地——Grotto，乃是一個很大的海岸岩石中的深洞暗穴。我們見到許多人裝備齊全地下水。據說這個洞穴大部分在地下與海水連通，裏面十分奇特、美麗。每年遠道而來潛水的人絡繹不絕。

我們到島最北端的Banzai懸崖。這裏是1944年美軍進攻，日軍節節敗退時的「最後司令部」，建在一個岩洞中，其下有殘留的日軍大炮及坦克。在附近海邊還有一個簡易機場。當時日軍經過24天的頑抗，退到這已所剩有限，但猶堅持抵抗。美軍用噴火器向岩洞猛射，日軍大多犧牲，慘不忍睹。

我們最後到附近海邊的自殺懸崖（Suicide Cliff），這是日軍幾百家婦孺跳崖自殺之處。現在那立了許多紀念石碑。見到許多日本人在那祭拜，也看到一隊法輪功的宣傳隊在那裏張旗幟、發傳單。據說每年有五十萬日本人前來此地弔祭親人。這最後司令部及自殺懸崖令人見之心酸！日本軍國主義踐踏中國、東南亞百姓，也帶給日本兵士及其家庭悲慘的下場。

尾聲

結束了五天的塞班之旅，飛回北京。歸途中回思那裡海天一色的明媚風光、美日在此的慘烈戰爭、Amelia Earhart 的神奇故事。塞班的確是一個自然景觀與人文遺跡兼具，而又幽靜、明媚的好地方。

（原載於《世界周刊》，1484期，2012年8月26日-9月1日）

▍菲律賓的島國風光

　　菲律賓距台灣僅巴士海峽一水之隔，由7107個島嶼組成，是世界上僅次於印尼的多島之國，島嶼星羅棋佈、海面平靜如鏡、山巒青蔥翠秀。仲夏之際，乘回台之便，我與老妻參加了一個旅行團到那裏倘佯五日，領略了菲律賓的島國風光。

旅途

　　我們由臺北起飛，飛機沿台灣東部向南，不久見到了鵝鑾鼻及巴士海峽。再二十多分鐘後，巴丹群島（Batanes）現於眼底。這是菲律賓最北的島嶼，與台灣相距190公里。蘭嶼的達悟族原住民就是由巴丹過海移民而來。一個多小時後抵達馬尼拉轉機。馬尼拉是個很大的城市，人口高達八百萬。我們在機場入境排了一個小時的隊，轉機也頗費周章。機場到處零亂不堪，令人體會到菲律賓的確是個「發展中的國家」。

　　下午飛抵宿霧（Cebu）。我們的導遊是一個由福州移民來此七八年的年輕人——小陳。這小伙子十分機靈，幾天的遊覽安排及介紹非常好，令我們對菲律賓留下深刻的印象。

一平如鏡的海與星羅棋佈的島

　　菲律賓最具有特色的乃是那一平如鏡的海與星羅棋佈的島。我們由宿霧搭船到對海的薄荷島（Bohol）。這裏因為被許多島嶼

環繞，沒有一點風浪，而且不在西太平洋颱風的主要過道上，是以整年大多時間風平浪靜，海面一平如鏡。

我們乘的船是菲律賓典型的「螃蟹船」，乃是在船身左右各附一個平衡托架（Outrigger），看起來很像一隻螃蟹。這種船吃水不深卻經得起風浪，自古以來在南太平洋各島嶼十分普遍。

我們的旅行團共有二十多人，除了老妻與我，都是年輕的孩子們。我們隨著他們去不遠的海域浮潛。那裏的珊瑚十分多彩綺麗，也見到五花十色的魚群。其後搭船經過海底滿佈海膽及海星的水域。這裏的水深只有兩三米，大家都下水浮潛。船上的導遊們個個都曬得很黑，也都是游泳潛水的好手。他們潛水去採海膽及海星，一會兒就拿上來一大堆。

我們到了一個純白的沙洲小島。這裏的白沙細柔潔白，附近稀疏地有幾個青蔥島嶼，海天一色，美哉南國風光！

次晨天未破曉，我們出海去看海豚。事實上我們曾在世界各地看過不少海豚，但這裏的海豚卻與眾不同。黎明之際，海上佈滿了二十多艘觀賞海豚的旅遊船，等候少時，但見海上成群結隊的海豚飛躍，此起彼伏，一而再三。我們的螃蟹船追逐海豚群而轉，有時與海豚群擦身而過，倍覺新奇。大家在海上觀賞約半小時，盡興而返。

青蔥翠秀的叢林、山巒

我們在薄荷島上搭乘漂流竹筏船，沿著原始森林中碧綠的溪流緩緩而行。兩岸青蔥翠綠，偶見村落及碼頭。我們在船上午餐，也在兩個碼頭停船，見到天真可愛，身著菲律賓傳統衣飾的孩子們在岸邊盡情舞蹈，歡迎我們。

登岸後，我們經過一處眼鏡猴（Tarsius Monkey）保護中心，見到一種只有幾英寸長的小種猴子。這種猴子的眼睛長的很大，據說這是世界上最小的一種猴子，而牠們最怕貓。

我們乘車走了一小時多，到了巧克力山丘（Chocolate Hills），此地四周有一千多座大大小小的石灰岩山丘，景色奇特，吸引了大批的遊客。

麥哲倫來到菲律賓

菲律賓主要的居民是南島語系的馬來人。西元第七世紀，菲律賓曾被興起於蘇門答臘的Sri Vijaya統治。其後到13世紀末，亦被興起於爪哇的回教王朝Majapahit統治。宋、元之際就與中國有商業來往，《元史》中的「三嶼國」就是指今日菲律賓北部的巴丹群島。《明史》記載：「呂宋居南海中，去瀛州甚近。」另外「蘇祿」乃是指今天的菲律賓南部。當時其國王前往中國向明成祖朝貢，不幸死在山東德州，就葬在那裏。鄭和下西洋也曾到過蘇祿。

1521年，麥哲倫（Ferdinand Magellan）環遊世界，渡過了太平洋，先見到馬利安納群島（Marisnas），停留三天後繼續向西，到了菲律賓的馬棻瓦島（Mazava），見到當地的原住民。麥哲倫宣佈此島為西班牙殖民地。他離開馬棻瓦島再向東，來到宿霧，在那裏與原住民相處甚佳。但當時宿霧人與其附近Matun島的居民經常有爭執。麥哲倫不慎介入了菲律賓原住民的內戰，幫助宿霧人攻打Matun人，卻在作戰中身亡。其屬下繼續航行回到西班牙，完成環球壯舉。麥哲倫雖在菲律賓只有四十幾天就不幸去世，但他改變了菲律賓的歷史及西班牙人殖民東方的事蹟。

　　1565年，Lopez de Legazpi航行到宿霧，建立殖民地，並以西班牙皇太子Philippines之名為整個殖民地群島定名。西班牙人在菲律賓統治了三百多年，直到1898年美西戰爭，西班牙戰敗，才將菲律賓割給美國。二次世界大戰後，菲律賓於1946年獲得獨立。

　　我們在宿霧參觀了殖民地時期留下的古老天主教大教堂。現菲律賓約百分之84為天主教信徒。當天現場有數千人作禮拜，場面盛大。那裏還有一個麥哲倫留下的巨大十字架。我們又參觀了當年Lopez de Legazpi與薄荷島酋長Datu Sikatuna在島上歃血為盟的紀念碑。這兩個地方象徵西班牙人來到菲律賓的久遠歷史。

菲律賓華人

　　中國人在宋、元之際就開始去菲律賓做生意。明代以後，移民漸多。菲律賓人有華人血統的約有20%。今日華人在菲律賓的經濟上起主導作用，全菲律賓五百多家大公司中，華人佔有相當大的股份。我們去宿霧的高級住宅區──比佛列山莊，那裏有許多華商居住。華人多信佛教。山腰上建有一座定光殿佛寺，規模宏大，香火旺盛。

宿霧街頭

　　宿霧是菲律賓第二大城與第二大港，人口約110萬，但街上公共汽車很少。居民大多搭「花車」，乃是一種小型的中吉普，外形塗得花花綠綠，上面可擠十幾個人。這種車子無固定路線，搭車人在路邊隨地招手，上車付錢。要下車則向司機打個招呼即可。我們在街上到處都可見到花車。

我清晨出外散步，見到路邊睡了一些人，還有帶孩子、整家露宿街頭的。可見菲律賓的經濟欠佳，產生許多社會問題。上世紀50年代，菲律賓為美國在太平洋西部的重要戰略據點，經濟比台灣好得多。那時菲律賓的籃球也是全亞洲冠軍。今日他們的籃球已不再興旺，整個的生活水準也很低。在街頭到處見到人潮洶湧，現菲律賓總人口高達八千萬。許多菲律賓人都前往台灣、香港去做傭工。總的來說，人口眾多，資源有限，行政效率也差；但老百姓大多安貧樂道，怡然自得。

尾聲

　　我們在菲律賓留連五天，返回臺北。菲律賓的碧海、藍天、青山、綠水及如珠的島嶼，令我難忘。其過往的滄桑及麥哲倫來此的故事，無疑地是人類歷史上的重要里程碑。菲律賓的確是個很值得一遊之地。

┃綠島令人遐思

　　「這綠島像一隻船，在月夜裏搖呀搖……。」《綠島小夜曲》這一首美麗動人的歌曲，半個世紀以來，先是風靡了台港，後又傳遍了神州大陸。但在我幼年時，「綠島」這個名字在人們的心目中一直是恐怖與神秘的象徵，有多少人的青春、家庭，甚至生命都葬送在那裏。

前往綠島

　　近數十年來，時過境遷，綠島早已不再是修理「匪諜」與「問題人物」的監獄了。我趁回台小留之便，由親戚安排去了綠島，一覽其風貌。親戚夫婦、老妻與我一行四人由臺北松山機場乘飛機，半小時抵達台東，稍作等候，就換上小飛機向綠島飛去。飛機剛起飛，就遠遠地望見在蒼藍的太平洋中點綴著一個綠色的小島，波濤簇擁中真是像一隻船在「天邊」裏搖呀搖。

綠島走過來的路

　　飛機上，導遊將綠島的歷史變遷作了個簡要介紹。據近年來發現的史前遺跡如石斧，陶片等，可知綠島在兩千年前已有居民。這些原住民推測與台灣東海岸阿美、卑南等族原住民有密切往來。在漢人初次來此伐木及屯墾時，他們遇到了島上少數的原住民。這些原住民是由附近的蘭嶼（當時叫紅頭嶼）而來的雅美

（達悟）族。新到的漢人與原住民曾有接觸及衝突，不數年，原住民或亡，或去了蘭嶼，綠島現已沒有原住民定居。

漢人最早前往綠島的記錄是在清代乾隆、嘉慶之際，在台灣東港海外的小琉球島的的居民到綠島去伐木，但沒有定居下來。嘉慶八年（1813年），小琉球的泉州人陳必先因捕魚漂流到綠島。他認為此處較小琉球宜於耕作及捕魚。遂歸去率領陳、李、蔡、田、王幾家三十多人來綠島，在北岸流麻溝、公館開墾。此乃漢人在綠島屯居之始，其後向西發展到柴口、中寮，最後向東部開墾海參坪、溫泉各地。清道光、咸豐年間，綠島拓墾已具規模。光緒三年（1877年）綠島（時稱火燒島）併歸台灣府恒春縣管轄。現綠島改屬台灣台東縣，為一個鄉，分為中寮、南寮及公館三村，共有八處聚落，總人口約為兩、三千人。人民生活以漁業、養鹿及觀光事業為主。

村落與漁港

約十分鐘我們飛過33公里的海域，降落在島西北角的一個小機場。走出機場，就到了島上三大村之一的「中寮村」，據說這個村子居民有近千人。島上只有一條約20公里的環島公路。近年來島上發展旅遊，路修得很好。我們租了兩輛摩托車，沿海邊向南緩緩而行。沿路上散佈著一些小商店。島上車子不多，很久才見到一、兩輛車子駛過，顯得分外的清靜。

過一長堤，西望台東群山聳立。路過一個鄉公所，這乃是島上的政府所在地。不久到一個叫「南寮村」的小漁村，稀稀落落地有幾艘漁船，這裏就是綠島出海的碼頭了。

火燒島海岩臻琳多姿

再向南行，見海岩臻琳多姿。綠島原為火山造成，海邊有許多黑色火山熔岩，加之風化腐蝕，變化萬千，堪為奇觀。這一帶海底有許多珊瑚礁，是潛水的好地方。離海邊不遠有一艘觸礁擱淺的小貨輪，不知擱淺在那多少年了？綠島位於台灣東南海域，與蘭嶼和菲律賓隔巴士海峽相望。南洋到中國、韓國及日本的海運經此頻繁。此處洋流急湍，每年夏日颱風多由東來向台灣、香港方向襲擊。早在1937年，有一艘32000噸的美國客輪胡佛總統號在綠島附近觸礁擱淺。當時綠島上居民不顧風險出動搶救，使船上1200人均安全登岸，一時傳為國際海運佳話。後美國為感謝島民，特在島上建了一個巨大燈塔以示紀念。這也就是坐落在島西北角機場旁的「綠島燈塔」。

海邊公路的左邊是火燒山，海拔281米，乃是綠島的最高峰。在總面積16平方公里的島上共有三個山峰。島正中的阿眉山為次高峰，海拔276米，另外在島東北有一個牛頭山。綠島原名為火燒島，主要是以前在颱風後及冬天，草被風吹散，露出紅褐土色，遠望有如火燒，故山與島均由此得名。也有一說是清末島上起過一次大火，草木起火燒及島上大部。因此而得火燒山及火燒島之名。1949年，經台東縣長黃式鴻提議，將島名改為綠島。

繼續驅車向南，公路貼著海邊，但見海浪襲岸，洶湧壯觀。公路急轉朝東，到了龜灣，這裏為一片寬廣平坦的珊瑚礁岸。岸上的一個龍蝦洞，乃是兩個斷崖中的隙洞。公路上有一橋，我們下橋停車，觀山聽濤，只見海水衝擊入洞，萬馬奔騰，驚濤拍岸。再往前行，見到一片白色沙灘。綠島近海海貝充沛，積年累

月形成了細軟的白沙灘。三三兩兩遊客在淺灘游泳，愜意非常。

　　轉眼就到了島的東南端，這裏乃是綠島的一個絕景——朝日海水溫泉。停車走到海邊，火山岩的潮間帶建有三個人工池，即所謂高溫池，中溫池及普通溫池。我們脫掉鞋襪，泡到高溫池，只覺得炙熱非常，轉到中溫池，才覺非常舒服。溫泉是由地熱及地表裂縫造成的，富含礦物質，對身體很好，吸引了不少遊客。世界上有溫泉的地方不少，但正好在海邊上的溫泉卻是難見的。我們泡了中溫池，又轉到普通池去泡，由熱轉溫，頓覺神清目爽，久久捨不得離去。

　　離開朝日海水溫泉，沿島東岸北上。這一帶海景奇特，火成岩石千奇百怪。有火雞岩，駱駝岩，豬咬狗等奇岩。還有一個瀉湖稱為「國寶花園」，乃是許多火山岩點綴出有似花叢的景色。停車步行到一個觀海台。此處為一海邊突出的峭壁，向南張望，有一組睡美人及哈巴狗的巨岩組合，這乃是綠島的招牌景點，這一帶的景色與夏威夷相比，絕不遜色。

　　繼續向北，路過以鐘乳石聞名的觀音洞。據說清代有漁民海上遇險，迷失方向，見到此處有火光，得以安全上岸。漁民認為是觀音保佑，在此建廟，香火鼎盛，漁民膜拜不絕。綠島不大，車行不久就到了島的東北角，此處為一臺地，草原青蔥，遠望海上有一個樓門岩，乃是海水腐蝕的一個拱洞，有如陽朔的月亮岩和張家界的天門山，大自然的鬼斧神工，奇特美麗。

政治犯監獄遺跡述說昔日白色恐怖

　　在山坡上遙望，看到了「綠島監獄」，為一「現代化」建築，有如學校。據說現在的犯人也不太多了。台灣政界也有取消

此地監獄的提議。

下坡到了北海岸見到了當年政治犯監獄的遺跡。這乃是1950年國民政府剛退到台灣，風雨飄遙中在綠島設立的「台灣保安司令部新員訓導處」，當時關了不少犯人。早已廢棄，現僅剩頹垣殘壁，看起來像軍營，還有碉堡，鐵絲網。山崖上的「打倒共匪」、「消滅漢奸」、「三民主義萬歲」、「中華民國萬歲」等刻字還隱隱可見。想來這裏當年犯人眾多，門禁森嚴，機槍林立，如今令人看來還不免有恐怖之感。

柏楊當年因解析「大力水手」（Popeye）父子漫畫，射影污蔑領袖（蔣介石父子），以「匪諜」罪名送來此地管訓。說實話柏兄是幸運者，總算熬出頭來了，不死，不殘，不瘋地回到人世。早年來此的，就正如大陸文革風尚，別人都不敢與其家庭來往，音訊斷絕，妻離子散。何年？何月？何日再能歸去均難預料。日日夜夜，空守荒島，呼天不應，叫地不靈，乃正是「這綠島的夜已經這樣沉靜，姑娘喲！你為什麼還是默默無語！」

尾聲

返抵機場，已近黃昏，搭機離去，在天空遙見海中綠島，逐漸迷茫。

歸來後看報紙知道後來綠島建了一個小公園名謂「人權紀念公園」，幾十年前關政治犯的地方，現能叫這個名字，也顯露出台灣民主政治經過漫長的歲月，取得了長足的進步，綠島真是一個非常美麗的地方！可是長年來人為的因素增添了無限的遺憾。可喜的乃是時光總教這些遺憾雨打風吹去了。我深願綠島的美景能長駐，並帶給人們像那「綠島小夜曲」一般許多的美麗暇思。

▎憶金門戰地烽火

1967年春，我服役的空軍高炮部隊由屏東調防前往金門。我和同隊袍澤於下午抵達高雄，前往金門的各部隊總計五百來人陸續登上中字號登陸艇。黃昏時分起航，我們緩緩離開了高雄港。

初見金門

入夜後遠望大岡山燈火，午夜見澎湖燈光閃閃如珠。次日下午約兩三點抵達金門外海。雲霧迷漫、洶湧滄海中遙望料羅灣美麗的黃沙。當天是單日，為炮轟開火之日。我們在船上等了十多小時，過了午夜已是雙日停火之際，乘海潮高漲，我們的登陸艇就一股勁地向沙灘衝去。砰嚓一聲巨響，著陸了。黑夜中成千的士兵急著搬運補給物資，人潮洶湧，蔚為壯觀。

炮火驚魂

那時金門有國軍十萬大軍，任何草叢，樹林裏都駐滿軍隊。我隨車來到我部駐防的斗門陣地，被安插在一個樹林旁的小堡壘裏，與四五個同夥的的老士官與充員兵同住。次夜我被震耳欲聾的槍炮聲驚醒，老士官告訴我這只是金門全島每月的例行實彈試射演習，轟擊了約兩分鐘，可謂聲勢嚇人。再過一夜，聽到遠處稀疏的炮聲，對岸的「匪軍」向我們發炮了。頭幾夜總被驚醒，再過幾夜，習慣了。他放炮，我睡覺，無動於衷了。

　　記得有一天黃昏，我們的輔導長（相當於共軍的政委）到陣地告訴大家：「根據情報，今晚『共匪』炮轟的目標是我們的陣地，這裏將會落彈，大家要加強戒備！」果然過了午夜。炮聲由遠而近，好幾次聽到「呋、呋、呋」的聲音，老士官告訴我這是炮彈低空擦地而來，不太遠了。聽來的確毛骨悚然，我緊張地問老士官：「這堡壘擋得住嗎？」他們說：「如果打個正著，就不妙了，大家就一起上西天了！」

　　次晨見到夜間站崗的士兵，他說：「昨晚炮彈接二連三在我身邊穿過，我耳朵都被震聾了，還見到彈頭穿地，火光四閃，我被嚇得癱在地上，以為活不到清晨了！」我們照他指點，找到好幾個深洞，都是炮彈穿地而入打開的洞，據估計洞深有五米。那時已不像幾年前八二三炮戰時打的是「殺傷彈」，也就是臨空爆炸，碎片四處飛的玩意兒。而早已改打宣傳彈，乃是一個炮彈從對岸飛了十來公里過來，但不爆炸，只是彈筒底在空中脫開，彈膛也有兩片鋼板掉出來，中間放滿的宣傳單臨空而飛。但彈頭、脫出的鋼板和彈筒底，誰碰到誰倒楣。經常聽到有士兵及百姓中彈被打斷一條腿或「回老家」的。

「匪方」宣傳

　　我們陣地旁有一片高粱田，那裏落下的「共匪」傳單很多。我很想弄幾張來看看，但當時的規定是誰「撿」到了「匪方」傳單就必須「上交」到本營的「保防官」那裏。這位保防官，五短身材，專管「思想」和「打小報告」，人見人怕。得罪了他連以後找事或出國都成問題。我們營裏有位老軍官經常撿到「匪傳單」，當然都「上交」給了保防官。但據別人告訴我，保防官總

是會打報告：「某某人看了匪方宣傳，……。」是以我從來不撿，也不「上交」保防官。每當我在高粱田裏看到「匪方」宣傳單時，總是站得筆直，而睜著眼朝地下看。「共匪」想的還十分周到，打過來的宣傳單居然都是「繁體字」，大多是說些：「偉大毛主席……文化大革命……，形勢一片大好……。」之類，信不信就由你了，據說還真有人信呢！後來有人居然信迷了，夜間就游泳到對岸去了。

「共匪」也整天對我們「喊話」。我常走到高粱田裏想聽聽他們到底說些什麼？但大多因風吹音散，聽不太清楚。只聽到大致上每天都是：「蔣軍官兵們……偉大的毛主席……文化大革命……打倒美帝國主義……解放台灣」這一套。有一天我同隊的一位軍官告訴我，他聽到如下這段共軍的喊話：「偉大領袖毛主席發動文化大革命，全國形勢一片大好，人民朝氣蓬勃，豐衣足食，今年過年我們軍中每人都加了一個蛋！」這是我首次得到的有關「文化大革命」的「中共官方資料」。

水鬼令人心寒

我們的斗門陣地在太武山前，離朝向大陸的海邊不遠，可謂「前線的前哨」。據說前一年就有「共匪」的「水鬼」摸上岸把一整班的八個士兵都殺了，連耳朵都被割去領賞了。我們當時夜間都不敢離開陣地，有急事必須外出都是提心吊膽，箭步急走，一手拿電筒，一手還不時摸著耳朵，深怕已被割掉。

我一到金門，就領了一把手槍，正是為防水鬼的，每晚我都把它放在枕頭下。但我心中一直有個疑問，乃問老士官：「水鬼上來都是一群，而且帶了衝鋒槍，我這把手槍管用嗎？」老士官

笑著對我說：「這是教你緊急時，自己『成仁取義』用的！」

戰地風情

我們高炮部隊的任務就是只要「匪機」臨空過境就開炮，打不打下來無所謂，但如果一個炮彈都沒發出去，一串官兵就得被槍斃。是以無論是炎熱日照或颱風下雨，只要雷達上顯示了對岸共軍飛機臨空，我們的阿兵哥們就要守在炮架上整日辛苦，緊張戒備。

我們不能聽收音機，不能用照相機，看不到廣播電視。連籃球、排球、足球等可供漂浮之物均列為嚴格管制品，由輔導長及保防官管理。我當時就誇獎過五短身材的保防官，對他說：「憑您這個難得的好身材，如果去打籃球，一定是最靈活、最好的後衛！」

我們陣地旁的斗門村那時沒有電燈，黃昏、夜間家家要點油燈，行路需帶手電筒。村落蕭條，房舍簡陋殘破，偶見幾個殘廢青年，都是被炮轟所傷的。我們經常到村中小店買些日用品及糖果。當時我們按月領取「八一四」香煙，村裏的老百姓特別喜歡這種香煙，我們常拿去跟他們交換金門特產的貢糖。那些百姓都非常純樸，與我們相處得像親人一般。

那時金湖鎮的山外村由於靠近料羅灣補給船艦上岸必經之道，又位於太武山麓重兵駐守，非常繁華。山外有個總是座無虛席的「青山樓」飯店，我曾去那裏會老友，一盤餃子，兩碟小菜，幾杯金門高粱，「山外青山樓，戰地喜重逢」，其樂無窮。

金沙鎮的沙美是金北的重鎮。當時我們辦伙食，每當單日炮轟，一過午夜12時停火，就得趕快在夜裏三四點早起去買菜，晚去了，就買不到青菜。黑夜裏市場擠得滿滿的，熱鬧極了。

金門的地基主要是花崗石，堅硬無比，是最好的防炮材料，挖了不少洞——坑道。各主要部門，醫院，補給船進岸的水道都是在坑道裏。我到各處辦事，整天朝洞裏鑽。盛大的聚會譬如金防部司令尹俊召集大專預備軍官好幾百人，就在最大的一個地洞——擎天廳地下大禮堂。還記得當天尹將軍精神飽滿，上來就問：「大家好不好？」我們幾百人大聲叫：「好！」他說聲音不夠大，我們一起再大吼：「好！」他就笑了，同時告訴我們在金門要「保密防諜」，什麼軍事機密都不可外漏，也不要亂寫信。他到任以後金門保防做得非常好，對岸「共匪」連那時誰是金防部司令都不知道。我當時就想：「『共匪』恐怕沒有那麼窩囊吧！」多年以後回想，才瞭解到尹將軍真是個可愛的好將軍，深得曹操「望梅止渴」之真傳。當時我被他嚇壞了，寫信回台灣給「如今的老妻」什麼都不敢講，只是有一段每次不能少：「來到金門才堅信反攻大陸一定成功！」其實這也是寫給保防官那些人看的，他們主要的工作就是「偷看」別人的私信。

一水之隔國共對峙數十年

　　馬山位於金門東北角，離我們斗門陣地不太遠，距對面「共匪」的角嶼島只有2300米，為金門距共軍最近之處，那裏設有「馬山喊話站」。我曾去馬山辦事，見到幾位小姐，她們的工作就是每天對著對岸大吼喊話：「親愛的朱毛官兵們……蔣總統……反攻大陸。」我在那眺望中共大伯、小伯、角嶼、小嶝、大嶝，諸島近在眼前。當時就聽說有士兵從馬山附近游到對岸去了。十多年後，鼎鼎大名的林毅夫先生也就是由此抱球過海「投奔祖國」的，這小子真有種！

　　太武山位於金門中偏東部，為金門之脊樑，最高為253米。我有個老友，當時在山頂瞭望站服役。他邀我去那，我登上太武山頂，瞭望料羅灣海天一色，風景壯麗，令人心曠神怡；眺望大陸近在眼底，猛一看，令我大吃一驚，距離那麼近！真難以想像國共雙方在此對峙了幾十年。

　　在太武山，見到蔣介石親筆題的「勿忘在莒」四個大字刻在一面豎直的岩石上，字體堅毅有力。這也就是當時決心「反攻大陸」的標誌。

憶烽火弔亡魂

　　太武山公墓在太武山下的山谷中，埋葬及祭奠1949年以來古寧頭、大擔、二擔、九三、八二三等戰役國軍犧牲的將士。公墓前立蔣介石題的「國民革命軍陣亡將士紀念碑」，後有祭堂，祭堂之後為墓塚。我去那弔祭我的叔祖——三爺，我三爺是於1949年古寧頭戰役中犧牲的，連屍體都沒找到，是以沒有墓塚，只在祭堂裏見到他的一個牌位。我在那徘徊良久，心中念道：「三爺你好，我來看你了！」不覺淚水已然盈眶。

　　我去古寧頭憑弔古戰場並弔祭我三爺。那裏的老百姓告訴我，當年共軍渡海攻金，十分輕敵，夜裏過海前就對部隊宣佈：「下午在金門開飯！」。他們想要全殲國軍，於是捨近求遠，不從距他們只有兩千多米而又居「上風」的金東北馬山一帶登陸，而向下風之處的金門中部，距我們斗門陣地不遠的嚨口、瓊林一帶進軍，想要中間突破，直殺料羅灣，不放走國軍一個。當共軍起航之初，海面只有微風，但到半渡之際突起強烈的東北風，使得共軍那兩三百艘沒有馬達的帆船被強風吹散，分別在好幾公

里，一直延伸到西端的古寧頭登陸。金門秋冬的東北季風有十幾級強，到了古寧頭的共軍帆船是絕對沒法頂風回大、小嶝及角嶼接後援部隊的。於是從凌晨兩點登陸時起，就像死鴨子一樣丟在古寧頭海灘上，等退潮、天亮後被國軍砲轟、飛機炸，全毀。共軍無法增援，登陸的部隊不是被打死就做了俘虜。

我去參觀了當年古寧頭戰役共軍的指揮所──「北山古洋樓」。最後國軍反攻，共軍在那死了不少人。當地居民告訴我們，每當夜黑風高就會聽見裏面眾人慘吼，但從來沒人敢進去看個究竟。殘破的閣樓留下了不少槍彈的痕跡，幾十年來它依然默默地屹立在風雨之中，向人們述說那場慘烈的戰事。我在樓前默默地祝願我三爺及許許多多國共的英靈在金門這壯麗的山巒與平靜的蒼海安息吧！

古寧頭是八二三炮戰中被轟擊最慘重的的村落之一。我在金門時，八二三炮戰已過了八年之久，但還是看到許多民房被炮火摧毀的殘跡。據那裏的居民告訴我，炮戰來的十分倉促，古寧頭民房幾乎被炮彈全毀，滿目瘡痍，百姓死傷無數。炮戰最初打了44天，後停火，又改為單日打，雙日停。只是兩年後（1960年夏），即將卸任的美國總統艾森豪威爾去台灣訪問。共軍在兩天之內向平靜已久的金門又發射了17萬4千6百多發炮彈，同時廣播說這是表示「歡迎」與「歡送」之意。當時金門百姓苦不堪言，說道：「美國總統在美國，在台灣，要歡迎，要歡送都打他不到，受害的都是我們金門百姓！」

金門的戰地生活使我深深體會到戰爭的殘酷和荒謬──「可憐無定河邊骨，猶是深閨夢裏人。」那許許多多曾在深閨裏的孤兒寡婦及飽受炮火摧殘的百姓，這戰爭的餘痛永遠在震撼著人們

的心靈！

歸途與思念

　　我的服役在夏季到期，接我們回台灣的登陸艇來了，營長、老士官們諸多袍澤都到料羅灣海灘去送行。我與他們一再道別，依依不捨。船起航後，只見金門逐漸渺茫，卻是這段戰地烽火生涯留給我畢生難忘的回憶！

　　　　　　（原載於《世界日報》上下古今版，2011年7月10-11日）

近鬧市而無喧囂的小琉球

近幾年台海兩岸關係改善，大陸掀起台灣旅遊熱。筆者曾遇到許多去過台灣的大陸朋友，他們都對台灣之行表示非常滿意；阿里山、日月潭、太魯閣、墾丁及士林故宮博物館，各景點可圈可點。各地的服務也都留給他們深刻的好感。事實上近年來台灣的旅遊不僅是上述的「招牌景點」不斷改善，也發展出許多新的、較小型的旅遊點。譬如九份小鎮、八里漁村、南方澳港、北港古跡均各有其地方風味，週末、假日均擠滿了遊客。台灣有許多外島，其中有人居住的島嶼，遠處的有金門、馬祖、烏坵與澎湖，近處的有綠島、蘭嶼、龜山和小琉球，都是風景優美、民俗誘人的世外桃源。除了烏坵為軍事禁地外，筆者與老妻都一一探訪，深深感到「山海造奇景、文物資靈秀」，台灣之美百數不盡！

四十年中二度訪小琉球

小琉球為台灣幾個有居民的外島中較小，但是離本島很近，最容易前往的一個小島。四十多年前我曾去小琉球遊覽，當時該島為「管訓犯人」的監禁重地。我由東港乘木船過海，走了一個小時才上岸，見到有如軍營的營房，及成群結隊在島上活動的「管訓犯人」。當時島上居民不多，商店也很少。我在島上只去了一個岩洞，就乘來時的木船回東港了。

去年秋天與老妻前往台灣南部旅遊，路經東港，見市貌繁榮，高樓林立，與當年景況已大不相同。到了碼頭，正巧有一班

快艇要起程去小琉球，於是就立刻上船，在海中急駛了約半小時，抵達了小琉球的大福新漁港。在港口拿了一些旅遊資料，租了一輛摩托車，我們沿著海邊的公路環島而行，在小琉球倘佯了半日。

奇岩怪石

小琉球島位於高屏溪（下淡水溪）口之西南，距東北方的東港鎮約八海浬，距北北東方的高雄市約十八海浬。島之長軸為東北——西南走向，北部稍寬，南部較狹，長約四公里、平均寬約兩公里、周圍十三公里，總面積僅6.8平方公里，形如漂浮於海中的一隻鞋子。該島是台灣本島附近十多個屬島中唯一的珊瑚礁島嶼，為丘陵地形，最高處為龜仔路山，海拔為87公尺。全島表面均被紅土質土壤所覆蓋。這些紅土係珊瑚石灰岩長期風化後的紅色氧化鐵、氧化矽等雜質，貧瘠乾燥、不宜耕作。海岸大多為隆起的珊瑚礁經海水與潮汐風化形成的石灰岩洞及海蝕、裙礁地形。

我們離開港口，沿路觀賞。不久就出了商業區，民房漸少。這裏面對大海，海岸為厚石裙礁，與鵝鑾鼻的南端海岸相似。見到許多奇形怪狀的溶岩：老鼠石、觀音石、紅蕃石、爬山虎等，令我憶起在蘭嶼見到的龍頭岩、鋼盔岩等，都是各因所似而得名的奇岩。很快到了島的西南角。在那裏的海子口東望台灣本島，落日亭西望台灣海峽，此地是島上觀日落的最佳景點，令人有天涯海角之感。

沿海向北走，很快到了裙礁「烏鬼洞」。這是小琉球最有名的招牌景點，是由海蝕形成的地下溶洞。我們在那瀏覽一陣。據

傳以前有些身材矮小、皮膚黑色的原住民住在島上。後荷蘭人登陸來襲，這些人一面抵抗，一面退到洞裏避難。但終被殘酷地燒死殺盡，留下許多孤魂冤鬼的傳說，也因以得名「烏鬼洞」。由「烏鬼洞」沿海岸北行，我們先見到「蛤板沙灘」，繼續向北，過海岸石灰岩造成的山豬溝。下坡見一「杉板路小海灘」，其旁為一海灣村落——杉福漁港。 其旁的杉福生態長廊主要是由廢棄的軍事基地改建而成，周遭有許多特別的海蝕柱、海蝕凹壁與海蝕壺穴等奇石怪岩。

距杉福漁港不遠的竹林生態濕地公園位於小琉球島中央碧雲寺下方，那裏有終年水流不斷的龍目井泉水及盛產的咾咕石，竹林中鋪設石板步道與木棧，建築涼亭。在那聽著潺潺流水聲，格外寧靜，為島中除海景外的少有陸上風光。

走到島的西北角，又見到幾處海蝕景點，謂「海底公園」。另有一「美人洞」，與「烏鬼洞」齊名，也是一個海蝕溶洞。傳說曾有漁家父女出海遇難，女兒漂到荒島獨居的故事。

在島的正北端近海岸的海中屹立著一座花瓶石，乃是海蝕及潮汐造成的菌狀奇岩，有如野柳的女皇岩和世界知名的加拿大Hopewell，New Brunswick的高潮間代的菌狀岩，非常別致、美麗。附近海岸珊瑚礁發育奇特，為島上最佳的潛水場所。再向東過一中澳沙灘，見到許多遊客在此游泳。其附近有一溶洞——龍蝦洞。

蒼蒼台海

小琉球位於台灣海峽的南部，因有在其東北方的大武山屏障，沒有一般台海秋冬的強勁東北季風，但每年夏秋之際多颱風

侵襲，位於全省颱風頻率最高，雨量最多之颱風路徑中（約佔台灣颱風路徑百分之32左右），故此地之建築與設施均需考慮強風與巨浪之襲擊等因素。

這裏的海域也是南洋與東亞的要道，島上的白燈塔顯明雅致，乃是南台灣航海的指南標誌。我們環島而行，見到東及北岸遠處高雄、屏東山巒在望，而西、南則為蒼茫大海，景色壯觀美麗；沿岸的奇石、遼闊的海天與洶湧的巨浪，誠乃「亂石崩雲，驚濤裂岸」，令人不禁有心曠神怡之感。

垂釣及漁產

小琉球位於台灣海峽黑潮暖流的流道上，黑潮流至此分成兩股環繞整個島嶼，又正對高屏溪出海口，是以海域的魚類資源豐富，魚類至少有六百多種，主要有石斑、鮪魚、旗魚、鬼頭刀、曼波魚等等。海生軟體動物約四五百種。甲殼類也有五十多種，有些種類數量可觀且色彩豐富，尤其是寄生蟹在沙灘上隨處可見，大型的陸寄生蟹則常隱身於岩壁間、礁石上。梅氏長海膽和蜈蚣櫛蛇尾匿居在潮間帶的岩縫中，是最常見的潮間帶物種。珊瑚資源亦相當豐富。

在島的西北近海中，由於黑潮加上潔淨海水的天然條件，非常適合箱網養殖。飼養之魚類有紅甘、海鱺、石斑等，近年來更成為外銷日本的暢銷品。現也成為觀光的重要景點之一。

我們在島上見到許多海邊垂釣的雅士，有的成群結隊，也有的獨立海濱，悠閒自得。小琉球被珊瑚礁圍繞，色彩斑斕的魚兒悠游其間，是浮潛與潛水的好地方。我們見到許多裝備齊全的浮潛和潛水遊客在海邊盡情遊樂。這裏是如今台灣少有的釣魚天堂

和潛水勝地。

廟宇林立

　　小琉球的先民多以海為生，生命堪虞，惟有求諸神明，祈求庇護保佑，風調雨順，小至生病求藥，大至建造漁船、漁船出海、結婚擇日、出殯擇時、建屋破土、新居落成，無不叩拜問卜，求神指引。是以建廟祈福為當地一大事。規模較大的寺廟為主奉觀世音菩薩的碧雲寺、主奉釋迦牟尼佛祖的靈山寺，以及供奉朱府、池府、吳府三姓王爺的三隆宮。其他還有聖后宮、王母宮、龍鳳寺、池隆宮、福安宮等等大小廟宇計有六七十間。

　　琉球先民多來自福建泉、漳二州，故島民所奉祀者為原地具有地方性、鄉土性之神祇。每三年的迎王爺活動，全鄉居民不管身在何方，皆會回鄉參與迎神活動，可謂本鄉最重要盛事。另外每年農曆二月十九日之觀音佛祖聖誕，島上居民幾乎進入狂熱崇拜的情境，每一村落大小廟寺，均有酬神、台戲活動，延續五六十日之久，成為島上重要之盛事之一，對該鄉的經濟之發展也造成相當影響。

滄桑今昔

　　小琉球鄉原名為沙馬基。元代台灣與沖繩列島合稱流球或嶼球、琉求。到了明朝改稱沖繩列島為大琉球，台灣為小琉球，後改稱台員、大員。荷蘭人於明天啟四年（1624）佔據大員，改稱台灣，而人們就將原來的沙馬基轉稱小琉球。荷蘭人在台統治初期，小琉球住有原住民「番社」千餘人，荷人多次派兵前往小琉球征剿。最後荷人將原住民圍堵於其所隱藏場所及洞窟內，而以

飢餓、放火等方法，殺戮共三百以上，俘虜男女老幼七百餘，以船隻五艘運往安平，壯男供勞役，婦女則配予新港社土著為妻，從此小琉球土著絕跡。

明永曆十五年（1661年）鄭成功驅逐荷蘭人，領有台灣。次年鄭成功去世，鄭經即位，實行屯兵，獎勵耕作。但高屏溪以南的整個屏東平原大多為番社，僅東港一隅及新園、萬丹幾處有小集團漢人入墾之跡象，以及於瑯嶠一帶置兵屯墾，小琉球遂開始有漢人之足跡。

西元1683年，施琅率兵攻台，鄭氏歸順清朝。清初中國內陸連年干戈，沿海各省居民因避內亂遷台者眾，漳州、泉州漁民始前往小琉球定居。康熙六十年（1721年）清廷平定朱一貴事件後，將小琉球連同卑南、瑯嶠等地列為禁地。清代，列強勢力入侵不斷，小琉球先後被英國、日本侵擾。清同治三年（1864年）清廷設台灣府，小琉球屬鳳山縣管轄，派水師屯守於島上，是為小琉球駐軍之始。光緒十一年，台灣著手建省，小琉球與今的新園鄉合稱「琉球新園里」。

光緒二十一年（1895年），日人入據台灣，小琉球隸屬於鳳山出張所，後改為琉球區，置區役場，隸屬阿猴廳（今屏東）東港支廳管轄。後來又廢區役場，改置琉球莊，並設莊役場。小琉球自明代晚期，漢族漁民遷此定居後，曾多次遭荷蘭，英國，及日本等外力侵擾。在歷史上經歷了許多艱難辛酸的歲月。

民國三十四年（1945年）日本投降，台灣光復，小琉球遂廢莊役場而改稱琉球鄉，隸屬於高雄縣東港區署。民國三十九年（1950年）琉球鄉歸屬屏東縣治。今日小琉球人口約一萬二千人，全鄉有本福、漁福、中福、大福、天福、南福、上福、杉福

等八村，共有三個小學，一個中學。當年眾多的囚犯及營房早已無影無蹤。島民原多以捕魚為生。近年來，漁業已衰落，現小琉球漁民已不多，居民多從商及其他行業。近年東港附近新建了「大鵬灣遊樂景區」，吸引觀光客，也提供小琉球百姓許多商機和就業機會。

港口與鬧區

我們經過舊港，這裏與東港相對，是距台灣本島最近的地方，也是島上的商務與行政中心。隨著穿過一條有商店及旅社的鬧街，沿島東北方的岩礁海岸返回，沿海多為住家，看到島上的發電場坐落在海邊。最後回到大福新漁港，搭乘當日最後的一班船離開。黃昏之際，回望靈山寺、環島民房及大福港口逐漸消失在蒼茫的暮色中。

尾聲

總的來說，小琉球距高雄、東港很近，來往方便，乃是當今台灣少有的距鬧市近，而無車馬喧囂的好地方。那兒的奇石怪岩、海天蒼茫、廟宇林立、豐富漁產，加之歷史遺跡與小島民俗，可觀可賞。去小琉球看看，體會先民開創的艱難、品嚐風味海鮮、觀海浪滔天、怡然垂釣自樂，倘佯於謐靜的大自然，忘卻城市的嘈雜，開懷舒暢！

峻嶺篇

珠穆朗瑪峰一枝獨秀，高聳過雲霄，雄偉壯麗，不愧為天下第一峰。飛機沿著此峰，擦面而過，只見山峰崢嶸、風吹雪起，其下峰巒疊嶂，爭顯雄奇，偶見雪崩，雲霧飛舞，氣象萬千。孔子曰：「登東山而小魯；登泰山而小天下！」徐霞客亦云：「見過五嶽不看山！」如果這二位古聖先賢能來觀賞珠穆朗瑪峰，想必會留下更雄魄之語。

遺世獨立的尼泊爾

　　尼泊爾（Nepal）是喜馬拉雅山下的一個內陸國家，自古以來遠離世界諸國的紛爭，遺世獨立。知道、瞭解這個山地之國的人不多。就拿我來說，以往一直以為尼泊爾是個面積狹小、高寒地瘠、人口稀少、植被缺乏、農作欠收的蕞爾小國，除了喜馬拉雅山之外乃乏善可陳。2000年夏，我與老妻及一對友人夫婦結伴前往拉薩，數日後飛往加德滿都，在尼泊爾倘佯五六日。出乎我意料之外，這個國家乃是一個文化燦爛而美麗非凡的世外桃源。

喜馬拉雅山雄冠天下

　　我們由拉薩飛往加德滿都（Kathmandu），這一程只有六百公里，與北京到鄭州相仿。飛機在拉薩貢嘎機場起飛，急速拔起，只見其下峻嶺大川，了無植被。半個多小時後見到連綿不斷、高疊重重的雪山。機長廣播說這就是喜馬拉雅山脈，而我們右前方的一個險峻山峰就是世界最高之峰──珠穆朗瑪峰（艾佛勒斯峰──Everest）。旅客紛紛向窗外張望，在清晨旭日的照耀下，這世界的極峰顯得分外燦爛、雄偉。

　　我們於抵達加德滿都次日一早前往機場，等候小型飛機飛往珠穆朗瑪峰山頭觀賞。候機室內擠滿世界各地來的遊客。天氣好的日子，每天約有三百架飛機載客去遊覽。因為要等候山區的風暴及氣候變化，我們在候機室等了兩、三小時，終於登機起飛。這架飛機可載12個旅客，每個座位都有很寬大的窗子。從加德滿

都到珠穆朗瑪峰只有約一百公里,飛行了二十多分鐘就見到層層雪峰。珠穆朗瑪峰一枝獨秀,為一海拔8848米的三角尖頂之峰,高聳過雲霄,雄偉壯麗,不愧為天下第一峰。機長屢次沿著珠穆朗瑪峰,擦面而過,只見山峰崢嶸、風吹雪起,其下峰巒疊嶂,爭顯雄奇。偶見雪崩,雲霧飛舞,氣象萬千。

我們在那盤旋約二十分鐘,盡興而返。孔子曰:「登東山而小魯;登泰山而小天下!」徐霞客亦云:「見過五嶽不看山!」如果這二位古聖先賢能來觀賞珠穆朗瑪峰,想必會留下更雄魄之語。

青蔥翠秀的尼泊爾

當我們從拉薩起飛後,沿途全是雪山禿嶺,了無植被。飛過喜馬拉雅山脈,進入尼泊爾上空,地面忽然呈現出一片青蔥翠秀。這景色與喜馬拉雅山之東的西藏截然不同,大出我意料之外。原來喜馬拉雅山脈有如一面高聳的屏風,將印度洋的濕氣遮擋在尼泊爾,使此地雨水豐富,草木叢生。在地圖上看起來,尼泊爾是個小國,因為它夾在中國與印度兩個大國之間。事實上,尼泊爾面積為15萬平方公里,相當於歐洲的荷蘭、比利時、丹麥加上瑞士四國的總和。其東南到西北長約800公里,南北寬140到240公里。由北向南分成四個地理區域,最北的是中尼交界的喜馬拉雅山區,有50多座海拔在7600米以上的高峰;其南為中部山區,一般海拔為2400〜4300米,大多為森林,其內有加德滿都和博卡拉(Pokhara)兩個山谷平原;再南為內德萊區(Inner Tarai)、Mahabharat Lekh和Siwalik(Churia)兩丘陵;最南為尼印邊界的德萊平原(Tarai),地勢低到海拔180〜360米,為土壤肥沃的農業區。是以尼泊爾由北到南的一兩百公里之內,落差大到八千餘

米。北部為高寒帶，中部如加德滿都谷地氣候溫和，而南邊的德萊平原則為熱帶潮濕平坦地區。總的來說，尼泊爾有三分之一的面積為森林覆蓋，其他除雪山外，大多是青蔥翠秀。

人口眾多農業發達手工精細

到了加德滿都，見到到處都擠滿人，才知道尼泊爾人真不少，總共有2千3百萬（2000年統計資料，據2011年統計已超過2千6百萬），比台灣人口多。這主要因為尼泊爾是個農業國，全國90%以上的人從事農務，可耕地佔總面積的五分之一，盛產水稻、小麥、玉米、小米、馬鈴薯、油菜、甘蔗、煙草及茶葉，農產自給自足。

其次畜牧業及淡水漁業也是尼泊爾經濟的要項，但由於對外交通不便，資訊閉塞，加之其他資源有限，工業非常落後。主要產品都是一些手工業、加工業。全國最大的出口產品是地毯，其次是服裝。近年來發展觀光，現為僅次於地毯的第二大創匯產業。

加德滿都山谷盆地長約30公里、寬25公里，平均海拔為1560米，位於尼泊爾中部的高低山脈過渡帶。原為古代冰川，其中有巴格馬提河（Bagmati）流過，使得谷地宜於耕種。除上述主要農產外，此地盛產熱帶、亞熱帶水果，譬如芒果、香蕉、橘子、李子等。我們在加德滿都郊外參觀了一個山坡的農村，見到萬頃梯田，稻米遍山，家家院落堆滿收成的莊稼，農舍整齊儼然，那美麗的田園風光與農家的怡然自樂令人陶醉。

我們在去博卡拉（Pokhara）的途中，看了幾家織地毯的商店。尼泊爾的地毯作工非常精細，花式豔美，無怪乎聞名世界。

這些地毯大多很昂貴，我們看了半天，買了一些。其次尼泊爾的手工雕刻工藝水準極高，到處都可見賣木雕的攤販，各式各樣、種類繁多的成品吸引了許多觀光客。

尼泊爾人走過來的路

尼泊爾因地形複雜，為一多民族、多語言之國。全國有三十多個民族，主要是在遠古由北方而來的Tibeto-Burmans和由南方遷此的Indo-Aryans兩大種族混合而成。語言也有三十多種，國語是尼泊爾語，英文也頗為通行。

據尼泊爾傳說（Vedic texts），加德滿都谷地原是一個大湖，後來中國五臺山的文殊師利菩薩來到尼泊爾，用劍劈山將湖水排泄，安頓人民，建立城邦，開啟一系列的王朝統治。這當然是傳說、神話，但表示加德滿都谷地原為冰川，後變為湖泊，逐漸成為谷地平原。屬於Tibeto-Burmans支系的尼瓦爾人（Newars）從遠古就在此生息，建築城市。後從東北方來的克拉底（Kirat）人侵入，建立克拉底王朝。克拉底王朝經歷了29個國王、225年的統治，疆域東至不丹，西至特里蘇里河（Trisuli）。

在克拉底王朝時期，佛陀釋伽牟尼（Siddhartha Gautama）於公元前563年誕生在迦毗羅衛（Kapilavastu）（今尼泊爾的絡明達）。他是Shakya國王子，幼時信婆羅門教，29歲出家修行，後靜坐苦思四諦、十二因緣，悟道創立佛教。克拉底王朝亡後，尼泊爾南部先被印度孔雀王朝（Maurya）控制，其後大部分尼泊爾被印度笈多（Gupta）王朝管轄。李查威（Licchavis）於第三世紀興起於加德滿都谷地，後逐漸擴展。

　　李查威王朝期間佛教盛行全尼泊爾，中國高僧玄奘於第七世紀來尼泊爾，歸國後曾在其《大唐西域記》中詳述了當時尼泊爾的情況。

　　第九世紀開始，尼泊爾進入分裂狀態，到12世紀初為西方馬拉人（Malla）統治，並把印度教正式引入尼泊爾，成為國教，佛教逐漸式微。14世紀初馬拉王朝分裂為在加德滿都谷地的巴德帕（Bhaktapur）、帕坦（Patan）及加德滿都三個小王國以及其他地區的許多城邦。16世紀，原為北印度族移民的廓爾喀（Gorkha）王國崛起，到18世紀終於征服整個尼泊爾，以加德滿都為都城建立廓爾喀王朝。其後英國人入侵，經過多次戰爭，尼泊爾被英國人控制，直到1923年，英國承認尼泊爾獨立，成為君主立憲。2001年，尼泊爾王室發生內部殘殺，國政紛亂。到2007年，尼泊爾宣佈廢除君主制，成為共和國。

印度教文化及習俗

　　尼泊爾是釋伽牟尼出生及傳教之地，所以我和很多人一樣都以為他和不丹相似，都是佛教國家。到加德滿都後，首先令我大吃一驚的就是看到許多印度教寺廟。印度教現為尼泊爾的國教，百分之81的國民均為印度教徒，僅百分之11為佛教徒。百姓最早信婆羅門教、佛教，後多被印度教取代。印度教信仰多神，但在多神中以梵天（Brahma）、毗濕拏（Vishnu）、濕婆（Shiva）三神為主神。梵天是主管創造世界之神；毗濕拏是主管保護世界之神；在三個主神中，濕婆是最廣受崇拜的大神，代表生殖與毀滅、創造與破壞、再生的幾重性格。但印度教也有「三位一體」的概念，也就是說三個主神為一個神的三種不同顯貌。

我們到加德滿都城邊的Bagmati河邊去參觀Pashupatinath印度教寺廟群。這是世界上供奉濕婆神（Shiva）的最大印度教寺廟之一，舉世聞名。但只有印度教徒才能進入廟群。我們這些非印度教徒則可隔河觀看。這個印度寺廟非常龐大，進入膜拜的信徒絡驛不絕。在那見到一些「苦行僧」，蓬頭垢面、穿著奇形怪狀。

最醒目的乃是火葬儀式。有身份的印度教徒死後，就在河畔舉行葬禮。屍體放在一大堆材薪之上，燃起一把炬火，只見火光沖天，個把小時後人與木均成灰燼，然後將灰丟到河裏。在河邊有好幾個火葬台，每天進行火葬的人真不少。這種古老的葬禮一直保持至今，成為尼泊爾的一大觀光景點，的確吸引了許多各國來此的遊客。

我們去Boudhanath大廟（Stupa）參觀。這裏的佛教寺院建於第6世紀末，其中心為一高聳白塔，其旁也有一些近年建築的藏教寺廟。這裏原是上世紀50年代流亡藏民逃出西藏後的首站聚集地。許多人也就定居在此附近，使此地成為西藏流亡海外民眾的一個聚集中心。

我們又去加德滿都城西的Swayambhunath Stupa廟參觀。這個古廟又稱「猴廟」，於西元第5世紀建於一個山頭，建築雄偉，廟裏有很多猴子，也是西藏流亡海外民眾的一個聚集中心。

除了印度教、佛教，尼泊爾還信仰一種特有的「活女神」。我們去參觀在市中心的「女神廟」。在尼泊爾，人人崇拜「活女神」——Kumari Devi，她由佛教信徒中選出，當四、五歲時就被關在廟中被人供奉，不得出外，待她成年後才解職外放。

「活女神」只有在女神節這一天才盛裝出遊。國王、大臣、社會名流都參加這天的盛大遊行。我們沒能碰上「女神節」，

則只有到女神廟前的巷子裏等候「活女神」露臉。那裏擠滿了市民及觀光客。等了許久，二樓的小窗開了，「活女神」向大家微笑，頃刻，窗就關上了，大家都滿意而去。

帕坦、巴德帕古城

帕坦（Patan）和巴德帕（Bhaktapur）是加德滿都附近的兩個古城。帕坦是加德滿都谷地中最古老的都城，可能在遠古時代就有小王國在此興起。公元前3世紀時，克拉底（Kirat）王朝在此建都。後李察威（Licchavis）王朝擴建，從14到18世紀為帕坦王朝的都城，現有20萬人口。這是一個藝術城，街道旁的房屋都有各式各樣的花紋、圖案木雕。城中心的廣場（Dubar Square）有許多塔寺，層樓重閣，畫棟雕樑，屋頂裝飾著天神鳥獸。不遠處是建於12世紀的宮殿和寺廟遺址。另外建於16世紀的馬拉王朝宮殿及皇家浴室（Tushahity）都是石造的建築及上好的銅雕，是尼泊爾古典建築的代表。

巴德帕（Bhaktapur）建於第九世紀，曾是馬拉王朝的首都，也是當時與中國、西藏、印度交易的商業重鎮，乃是一個充滿藝術、工藝、建築的歷史文物古城。城中有馬拉王朝的宮殿、寶塔，黃昏時際在此看到古建築群後遠方的喜馬拉雅雪山，黃金夕輝，氣象萬千。

雪山、翠谷、湖山相映

我們在尼泊爾許多天，走了不少地方，在大部分的地方均可看到雪山及青蔥翠谷。我們由加德滿都乘車向西北而行，在山道裏盤旋，一路景色秀麗，溪水清澈。偶見遠處雪峰，不時休息賞

景，走了近一早上，到達博卡拉（Pokhara）。

這裏是尼泊爾第三大城，人口有35萬，是一個三面環山，一面臨湖（Phewa Lake）的山谷城。該城的海拔變化很大，在湖邊僅800多米，整個城散佈於山谷及四周山巒。向北方約30公里外就是Annapurna山脈，在博卡拉可見到三座8000米以上的雪山——Dhaulagiri、Annapurna、Manaslu。

我們於黃昏時際到湖邊遊覽。湖水深藍，一平如鏡，雪山、倒影，風景幽奇，有如瑞士。沿湖有許多工藝品商品，也有一個西藏流亡民眾的村落。我們到藏村去參觀，看到他們做的許多紀念品，還看到他們的「國旗」和「地圖」。他們宣稱的「獨立西藏」領土包括西藏、青海、甘肅、四川大半、雲南一部分等等，乃是唐代吐蕃松贊幹布全盛時期的領域及其附庸國所在，幾乎達到中國現在版圖的四分之一。他們罔顧歷史上各民族生存遷移及融合、整合的過程，眷戀空想著祖宗輝煌的往昔，忽略了現實的西藏社會所需。

我們兩度前往附近的Sarangkot村落去看雪山，第一天下午因雲霧過濃，沒能看到。次日一早，我們再度登山。這是一個1600米的山頭村落，一路見到漫步而上，絡繹不絕的遊客。這天天氣非常好，登山途中逐漸感到炎熱。所幸沿途有幾個商店供旅客休息，也看到許多當地的工藝紀念品，都很精緻，做工不凡。

登到山峰，青蔥的Pokhara山谷及碧藍平靜的Phewa Lake盡收眼底。北望連綿雪山，潔白、壯麗，旭日泛起遍山金光，燦爛輝煌。這個美景是我們曾到過的世界各地，包括瑞士，都無法相比的。當地人稱「Sarangkot美景，舉世無雙」，非荒誕之言也！

熱帶叢林、純淨清溪

我們又前往尼泊爾、印度邊界的內特瑞低地（Inner Tarai Low Lands）中的Chitwan國家公園逗留了兩天。這裏海拔僅約300米，屬於熱帶區，氣候炎熱、潮濕。我們住的是簡易的木房（Cabin lodge）。

隨導遊騎大象渡河進入沼澤地，見到犀牛、猴子、鱷魚、鹿等野獸及各種珍奇的鳥類；也見到地上的一些老虎的腳印。黃昏時分見群象於溪中洗浴，有如頑童，此時落日、晚霞，豔麗無比！

夜間只聞林中鳥鳴獸啼不斷。清晨早起，我們再去叢林倘佯，隨導遊漫步茂林之中，參觀他們養育動物的營地，瞭解到許多這裏的熱帶動物習性。這裏沒見到雪山，景色與非洲無異。令人難以想像百多公里之處就是終年積雪，連綿不斷的冰山。這兒的「非洲」風味也是出我意料之外的！

尾聲

不到尼泊爾，不知其人口之眾多、工藝之精緻、歷史文化之久遠、印度教之博大精深；更不識喜馬拉雅山之雄偉、幽谷叢林、青蔥翠秀，湖山相映。這尼泊爾的確是人文的寶地及東方的瑞士！

（原載於《世界周刊》，1442期，2011年11月6-12日）

▋去冰島看火山

　　冰島地處北海（North Sea）之角，2010年火山爆發震驚全球。一直想去那裏看看火山、地貌及當地的風土人情。多方詢問，安排了一個初夏的旅程。在我們起程前一個月，冰島突然再度發生巨型火山爆發。當時我們是一則以喜、一則以懼。高興的是有希望能親見難遇的爆發壯觀。但又怕飛機無法降落冰島，去不成了。但火山噴發很快就停止了，我們遂於2011年6月底成行。

　　由紐約起飛，五個多小時就抵達冰島首府Reykjavik。是夜，兒子與媳婦也趕來同遊。

Reykjavik市區

　　冰島總面積為10萬平方公里，為台灣的三倍大，但人口只有32萬，其中三分之二聚居於西南角的Reykjavik附近。Reykjavik市區十分廣闊、分散，是一個具規模的城市，街道整齊、清潔；沒有世界其他大城市之喧囂，車輛也少得多。市中心有幾條大街及碼頭。那裏晚上九、十點鐘還是陽光普照，只是清寒襲人，而商店多已打烊。我們到市中心逛了一圈，沒見到幾個人，大概多已入眠。冰島人無論是夏日的長晝，或是冬天的長夜，總是作息有序。他們是我在世界各地見到的極少數不是「日出而作、日入而息」的人群。

冰島今昔

冰島因地處偏僻，人煙稀少，古代史書記載不詳，僅見於零星的文籍、小說。早在希臘、羅馬時代，人們對世界北緣（North Fringe）即進行探索。有位希臘人——Pytheas宣稱他曾航海到距英國六天之遙的北方冰封的海域，見到一個叫Thule的地方。這乃是最早有關冰島的文字記載。

最早來冰島定居的是愛爾蘭（Irish）的傳教士，其後維京人（Vikings）將愛爾蘭傳教士趕走。從874到930年之間，冰島沿海岸建立了許多維京人的屯墾據點。這個時期雖史籍不詳，但在13世紀開始，冰島人寫作了許多「Saga」（冰島語——故事），譬如《Njals Saga》、《Laxdaela》等等，描敘第10到12世紀冰島早期移民時人民的生活狀態以及權貴、英雄、土匪的鬥爭。就如同中國的《水滸傳》、《紅樓夢》一直傳頌至今，家喻戶曉。這些「Saga」足與荷馬（Homer）、莎士比亞（Shakespeare）的作品齊名，在世界的文學史上，冰島佔有相當的地位。冰島的詩也聞名於世，其著名詩人Halldor Kiljan Laxness曾於1955年獲得諾貝爾文學獎。我們在旅途中經過他當年在原野的故居。

冰島人從1271年開始就醞釀獨立，但擺脫不了挪威與丹麥的統治。1397年，挪威、丹麥、瑞典組成的斯勘地那威聯邦（Scandinavian Union）將冰島主權移交給丹麥。丹麥統治冰島直到冰島於1944年宣佈獨立。

冰島位於北極冷流與大西洋暖流交匯之處，漁產豐富。如今冰島的主要經濟產業是漁產，最大宗的是捕鱈魚（Cod），1982年

時達到約50萬噸的產量。冰島為保護其漁業，宣稱離其岸200海浬的海域為冰島領海，他國不得進入捕魚，也曾與英國發生捕魚爭執，稱為「鱈魚之戰」（Cod Wars）。其他的紅魚（Redfish）、蝦（Shrimp）、乾貝（Scallops）、龍蝦（Lobster）、Saithe、Halibut等也很豐富。

冰島的第二產業為旅遊，火山與冰川吸引了來自世界各地的旅客。但這幾年世界經濟風暴，歐洲岌岌可危，冰島首當其衝，負債累累。現在Reykjavik就有很多空著的新房，失業率很高。我們在冰島多日，見到物價非常高，吃飯、書籍、紀念品都較美國高出一兩倍，可想冰島百姓日子不太好過。

Blue Lagoon

Blue Lagoon位於Reykjavik市區之西約30公里。由於火山活動，那裏的地下2000米深有很熱的地層水。當地政府在此建有一座地熱電廠，鑿深井抽取地下熱水，經過熱交換器（Heat Exchanger），將由管道輸送的淡水加熱，轉送到市內供暖以及發電。用過的地下水則排放到佈滿黑色的火山岩漿（Lava）的曠野，形成一個約5000平方米、呈淡藍色的露天溫泉。這個奇特的景點夏冬皆宜，每年吸引了約40萬遊客。

我們到那裏，先走過一條由火山岩漿鑿開的小道，進入大廳。換上泳裝，來到池邊。遊客的確不少。許多人都用白色的礦粉塗在臉上，據稱會有美容的作用。我嚐了一口泉水，相當鹹。水溫適中，泡在泉中，十分宜人。四周的岩漿與附近熱電廠的蒸汽組成一幅美麗的奇景。我們在那裏逗留約兩小時，盡興而去。

Snaefellsnes半島

　　Snaefellsnes半島位於冰島的西端。我們由Reykjavik駕車，一路沿海岸見到火山熔岩及幾座火山。其中Eldborg火山是5到8千年前形成，高約112米，是一個典型的火山口。半島西端的Snaefellsjokull雪山是半島的招牌，海拔高達574米，其上被冰川覆蓋，美麗壯觀。南部有幾處黑色火山岩形成的海灘及懸崖，引來許多候鳥及海豹（Seal）。半島上雨水豐富，四處都是綠油油的草原，點綴著潔白的羊群。

別開生面的海鮮大宴

　　我們到北端的Stykkisholmur小鎮，登上遊艇出海觀賞海灣景色及棲息於群島上的候鳥。這裏雖風寒地凍，但每當夏日，許多候鳥由南方飛此避暑。我們見到許多珍貴的鳥群在懸崖峭壁築巢自得。回望沿岸雪山崢嶸，海風襲人，嚴寒無比。看到幾處佈滿玄武岩的小島，與澎湖的桶盤嶼頗為相似。這裏的玄武岩有直立、斜傾，還有層狀的結晶。最為別開生面的乃是船員們下網到海底捕集了大量的海蚌、海膽、海螺、海星等海味。他們當場開殼請遊客品嚐生海鮮，起先我不敢吃，後來試了一個乾貝（Scallop），覺得十分可口，於是一連串吃了不少。這寒帶、深水的海產清潔無腥，是我嚐過的最佳海鮮之一。這次海上現場的海鮮之宴也是我首次遇到，感到很新奇，我們全家四人和全船旅客都十分開懷。

Gullfoss瀑布

Gullfoss瀑布是冰川融雪沿Hvita河流過兩道落差共32米高的懸壁，進入一段長2.5公里、深60多米的深谷。這個瀑布雖不及尼加拉瓜（Niagara）及伊瓜索（Iguazu）瀑布之規模，但水勢盛大、視野遼闊、壯觀美麗，絕不遜色。我們沿山道走到瀑布正前的山谷，只見遊客絡繹不絕，瀑布激起水花，隨微風而來細雨，一條橫跨的彩虹，添增了山水風采。我們又走上山谷之頂俯瞰全景，令人心曠神怡。

Geyser

由於火山運動，冰島有許多間隙性噴爆的Geyser，我們走進Geyser區，見到四處蒸氣裊裊。其中最吸引遊客的乃是Strokkur（The Churn）Geyser，大約每五分鐘之內就會噴發一次，噴高可達二三十米。這與世界聞名的黃石公園老忠實（Old Faithful）頗為相似。

Pingvellir國家公園

Pingvellir國家公園座落在群火山中的一片平原，其中有一道古代火山熔漿的地下通道（lava tube），後受地震影響，頂部坍塌而形成一道幾十米深、幾公里長的熔岩山谷。這個景色十分奇特。我們登上山巔遠眺Pingvellir平原，Oxara河蜿蜒而流，對映著河畔的古老農莊與教堂，景色秀麗。Pingvellir是冰島最早（930年）的屯墾區之一及國民議會（Alpingi）所在。1000年，冰島居民在此宣佈接受基督教洗禮，其後在1271年冰島人首次選

舉主張獨立，並採行共和體制。雖然在長期挪威、丹麥的統治之下，這裏的國民會議運行了許多世紀，直到1760年。Pingvellir也一直是冰島人爭取當家作主的象徵。1944年，冰島宣佈獨立時的儀式就在此地舉行。我們還在路途中參觀了早期移民的遺址及古老的教堂。

釣魚其樂無比

冰島的支柱產業是漁業，「冰島漁夫」聞名天下。既然來了冰島，當然不能放過做一次「冰島漁夫」的滋味，於是我與老妻預定了一個三小時的「近海垂釣」之旅。下午六點到了碼頭，總共七個遊客，加上一個老人駕船和一個僅十一二歲的小孩作為釣魚嚮導。當日天氣陰涼，在船上衣服穿的很厚，帶上毛線帽，出了港還是覺得冷。

船走了不久，小孩就叫下錨，他拿出幾條小鯡魚（Herring），切成幾塊作魚餌。每人發一根魚桿，他教我們放約30米的線到海底。老妻從不釣魚，這次還是勉為其難地上船的，誰知她一放下線就有魚上鉤，拉起來一條20多英寸的大鱈魚（Cod），不一會人人都有了收穫，都是20幾英寸的鱈魚。老妻又釣到一條約30英寸，為此行全船最大的收穫。那小孩嚮導看起來不起眼，還真有兩手。兩小時餘，大家滿載而歸。

釣魚一樂，吃魚也是一樂。我們將六條大魚帶回旅館，放在冷凍箱裏幾天，臨上飛機前用玻璃袋外包了多層報紙放在行李箱內，一部分托運，一部分隨身攜帶。20多小時後到家打開，猶是冰凍完好。（註：帶魚類過海關沒問題。）

去看火山與冰川

　　冰島的南部海岸這一兩年舉世聞名，因為2010與2011年曾兩度火山爆發，特別是去年的爆發灰塵飄散歐洲，影響航空及經濟甚鉅。今年五月份又發生了一次爆發，所幸歷時僅數日，而灰塵未遠揚歐洲，沒有造成如去年的災害。

　　冰島因位於地殼上北美（North American Plate）與歐亞（Eurasian Plate）兩大板塊的交界線（Mid-Atlantic Ridge）上，這兩個板塊逐漸分離（Divergent），產生間隙，地球內部的熔岩漿（Molten Magma）則向上流動填充，造成許多斷層（Fault）及漂移地谷（Rift Valley）。特別是冰島的斷層及漂移地谷大多距地表較淺，使得此地有豐富的地熱（Geothermal）資源、也是世界上火山爆發最頻繁、地層最年輕的地方。在過去一萬年，冰島形成了25處火山區，平均每五年就有一次火山爆發。另外一個特點乃是此地火山多被冰川覆蓋，這些冰川大多形成於公元前1500年左右，在16到18世紀達到其最大面積。在過去80多年逐漸減少，現冰島約百分之十的地表被冰川覆蓋。每當火山爆發，大量融雪隨岩漿、火山灰洶湧，形成其特有的奇觀。

　　我們由Reykjavik駕車向東南而駛，主要去看2010年爆發的Eyjafjallajokull及2011年爆發的Grimsvotn兩個火山、冰川區。

　　途中一路地貌變異頗多，有的大片曠野滿佈火山岩漿，也有四處被火山灰覆蓋。夏日冰河溶解，河流水勢旺盛，水、氣滋潤，以致沿海岸有許多綠盈山野的草原，及上好的農耕地、牧場。原野上野花盛開，到處可見一種多瓣的淺藍小花——白羽扇豆（Lupin，與美國德克薩斯的州花Bluebonnet相似，同屬）遍及

天邊，這怡人的田園風光令我不禁想到：「這裏怎麼能稱為冰島？」到了幾處海邊，均為火山灰形成的黑沙灘及奇形怪狀的山岩峭壁；也見到一處滿山聳立的玄武岩；還有一個海島因腐蝕形成有如桂林象鼻山似的拱門，形形色色，美不勝收。沿途人煙稀少、車輛少見。過Vik小鎮，這裏是早期威金人來冰島的墾居地之一，依山面水，卻無法建港。歷史上，此地屢遭火山爆發、冰川融化、洪水氾濫之災。

2010年 Eyjafjallajokull 火山爆發

Eyjafjallajokull 冰川位於冰島的南角，最高峰Hamandur海拔為1667米，面積為80平方公里，其東邊有一更大的Myrdalsjokull冰川及Katla火山。

最初在2009年12月，由地震測量（Seismic survey）顯示在地下7到10公里處開始有一到二Richter級的地震。持續到了2010年3月，頻率逐漸增大，並接近地表。3月20日夜間，附近的居民發現空中呈現紅色雲朵。次晨有一隊勘測專家乘飛機觀察到在兩大冰川之間隘口——Fimmvorouhals Pass已有岩漿噴發。3月22日，人們在遠處地面已能看到火山噴發，火山熔岩漿（Lava）向北方流動，並帶來大量融雪，順河而流。火山爆發的消息傳出後，吸引了大批的科學家及遊客，每天平均有4千人搭車或駕飛機前往觀察，並有兩人不幸迷路喪生。噴發持續了兩週後，4月6日開始衰減，4月12日完全停止。此次噴發的岩漿總體積為2千4百萬立方米，最高噴達1000米。

恢復平靜兩天後，4月13日深夜11點鐘又發生持續的地震。測量顯示地震發生在地表2公里之下，已達2.8級（Richter）。次日開始猛烈的爆發，火山岩漿與融雪以每秒1000多立方米的噴速向空中沖起高約8公里的液柱，分向南北順河谷流向大海，造成洪水，破壞了許多農莊、牧場，公路，沖斷幾座橋樑。所幸冰島南線公路上最長，也是最重要的Markarfljot大橋沒被全毀，稍作修復後交通得以通暢。由於高溫火山岩漿急速與冰冷的冰川積雪作用，形成極細微的粉灰，帶來黑沙雨及雷擊閃電。火山灰充滿天空，不僅使冰島南部白日有如黑夜，落地的火山灰覆蓋了附近的住家、農莊、牧場及公路，也對漁業產生很大的影響。頭三天的火山岩漿噴發總體積達到1億4千萬立方米。

火山灰凌空向東飄揚，影響到大部分歐洲，使得全球航空受阻多日，造成嚴重的經濟損失。譬如德國每天的經濟損失估計就高達10億歐元。這第二次的噴發持續一週多後，到4月21日威力已減低10倍，噴出的火山砂粒也逐漸加大，多於附近落地，不再飄揚遠方；只是高約百多米的岩漿噴發還持續了一陣。

劫後餘生的Eggertsson家庭

我們一路過了Markarfljot河，見到一個美麗、壯觀的大瀑布，河床佈滿火山灰。再向東，一路山巒青翠，瀑布屢屢。來到一個小小的「遊客中心」，原來是住在公路對面、火山冰川下的Eggertsson家庭特地新建的小博物館。裏面展示了許多2010年及以往火山爆發的珍貴相片，火山灰，岩漿等樣品，以及許多有關那次火山爆發的書籍、錄影碟。我們看了一場二十多分鐘的記

錄影片。這影片製作精良,描述了火山爆發的壯觀及大自然的雄偉;當時火山灰蔽天漫地、飛沙走石、暗無天日、牛馬驚恐、洪水氾濫的險景;以及Eggertsson家庭在此幾代建立的農、牧家園和災後的重建。這段故事不僅令人瞭解了火山爆發的過程,也使我們領略冰島人抗衡火山災難、重建家園,不屈不撓的精神。

我們在遊客中心見到Eggertsson太太,與她交談良久。正逢Olafur Eggertsson先生駕農車經過,他特地下車與我們合影,並贈送我們一些火山灰作為紀念。他們這個小小的博物館肯定地將吸引無數來冰島的遊客,同時為Eggertsson家族帶來幾代的財富。

2011年Grimsvotn火山噴發

2011年5月22日,位於冰島最大的冰川——Vatnajokull內的Grimsvotn火山開始強烈的噴發。Grimsvotn火山是一個噴發頻繁的火山,從1900年至本次噴發前已發生過13次。這一次的噴發是百年來最強烈的一次,事實上其強度較2010年Eyjafjallajokull的噴發要大兩、三倍,最大噴高達到20公里。但由於其火山砂粒較去年Eyjafjallajokull噴發的要大得多,而大多在本地及向正南方海域散落,對Reykjavik妨害不大,機場僅關閉一兩天。歐洲的英國、挪威、愛爾蘭等國航班受到的影響也有限。噴發持續四、五天就停止了,沒有造成像去年Eyjafjallajokull噴發的慘重災害。

我們沿南海走了幾小時抵達Skaftafell國家公園的旅遊中心,座落於Skaftafellsjokull冰川舌之旁,其附近還有幾個冰川,都是冰天雪地,宏偉壯麗。到此才感到冰島非虛有其名也。許多遊客步行去冰川,也有的搭特種車輛進入冰川探奇。我們因時間有限,加之也登過幾處冰川,也就沒有在此上冰川了。

遊客中心內尚沒有任何一個月前發生的Grimsvotn火山爆發的報導及書籍，是為遺憾。

　　歸途漫長，這來回一程走了700多公里，回到Reykjavik已過午夜。所幸六月底的冰島是「不夜天」，古人曰：「秉燭夜遊！」那時候他們大概還不知道世界上還有「不需秉燭，亦可夜遊」之處。

尾聲

　　五天的冰島之旅匆匆而過，只是那兒的火山、冰川、草原、日不落國的長晝、鮮美的海產、安逸自得的百姓，以及沒有喧囂的Reykjavik留給我無比的回味。

海螺溝冰川、大渡河探奇懷古

大渡河是名揚全中國的文物景點，主要是七十多年前毛主席長征途中曾在此奮戰脫險以成大業。大渡河水勢洶湧，兩岸崇山峻嶺，景色極佳。其畔高聳的貢嘎山與海螺溝冰川都是上好的奇景。為了探奇懷古，筆者曾四度前往，領略山川之雄奇、追懷往事、憑弔古戰場。

多年前蜀道難行，我與老妻首度由成都前往，遇夏日大雨塌方，只得折返。第二次僥倖通過山路經榮經、漢源、石棉而沿大渡河北上。其後二郎山隧道完工，不須再翻過3400多米的二郎山，暢通了去大渡河之途。2001年夏，我第四度與老妻，會同幾位友人由成都出發，一路過雅安、天全，幾小時就到了大渡河畔。

海螺溝冰川

沿大渡河南下，走走停停約兩個小時多，經一大橋過大渡河，向西到了一個小鎮——磨西，車再爬山向上，黃昏時分我們抵達了海螺溝景區的一個新建的海拔約2000米的旅館。當天雲霧多，晚餐後我們在旅舍四周散步，見到四處草木茂盛。但晚間四處漆黑，走不多時只得早早休息。

次晨早起，我們隨導遊沿著山道在原始森林向山上緩緩而行。山道有些部分是最近才修建的，還有幾段是沿山壁搭的木造棧道。山中濕氣很重，草木繁多，有松、桂、杜鵑、羊齒類、鮮

苔、及許多灌木、花草。最奇特、美麗的是寄生於大樹上有如珍珠項鏈的藤蔓，長懸十數米，滿林遍佈。這裏真是一個少見的植物園，老妻自認為植物專家，一一向我們解釋多種草木，但還是有許多她也說不出名字。

走走停停，約一個小時到了一個觀景台，見到山下的冰川舌，也就是冰川前緣。冰川的現場導遊給我們說明一些注意要領、安全需知。接著大家走下山谷進入冰川。海螺溝的冰川位於貢嘎山東側山腳，貢嘎山被藏人稱為「蜀山之王」，尊之為「聖山」。藏語「貢」為雪，「嘎」為白，貢嘎山為潔白無暇的雪峰，主峰高7556米，為川西第一高峰，終年積雪，天氣晴朗時遠在峨眉山山頂、二郎山峰或康定附近均能望見。貢嘎山麓有許多冰川，我們當天去的海螺溝冰川較易進入，而且其冰川舌海拔為2850米，是世界上溫帶的最低海拔冰川。

我們進入冰川，只見許多沙石混雜其間，有的石塊大如房屋，也有一些深溝。底部的冰都是綠藍色，兩邊山岩上可見古代冰川滑磨出的痕跡。導遊一再叮囑我們，此處的冰川可高達百米之厚，但有些地方冰層不穩定，千萬不要走上去，並叫大家不要單獨行動。他說前兩年有個旅行團到冰川遊覽，離開時發現少了一個人，遍尋無縱。隔了一年以後，屍體才被遊客發現，卻是面目身體完好，被冰凍的栩栩如生。猜想是當時掉到冰縫裏歸天的。

我們在冰川裏流連多時，當天天氣並不太好，山上雲霧很厚，飄動頗速，整個冰川及貢嘎山時隱時現。突然雲開霧移，我們見到冰川從海拔六千多米一瀉而下，一直插入六公里長的森林帶。貢嘎山前的冰川大瀑布壯觀無比，據導遊說，這冰川瀑布有

1080米高，1700米寬，乃是世界上少有的奇觀，大家急著照相，十幾分鐘後貢嘎山及冰瀑布都消失在雲海茫茫之中。我們遂爬回谷頂，最後眺望一陣冰川全景，就沿原道穿過原始森林回到旅舍。（註：近年新修了一條纜車道，由山下直通冰川。）

溫泉

午餐後，我們離開了旅舍，下山西行，前往山澗中的一個熱溫泉。近年來開發為旅遊景點，修整的很好。溪水之上有一個美麗的鐵索橋，山邊建了好幾個露天溫泉池。我們大夥都下去泡了一陣，早上爬了半天山，到此舒鬆筋骨，非常舒服。

磨西鎮

離開溫泉，下山到了磨西鎮已近黃昏，我們在旅舍安頓好，就到鎮上四處看看。磨西位於兩山之中，為古代冰河沖出兩道山澗中的一個臺地，遠望有似一條巨龍。在鎮上有一株一千五百年老的大樹，被奉為神靈。我們去那兒見到樹底搭了房子，百姓在那燒香祈禱。兩條小溪由高山的冰河流下，匯合成磨西河，幾公里之外就注入了大渡河。鎮兩旁高山聳立、草木茂盛，我們在鎮上見到了許多核桃樹及其他果樹。小鎮上有一條古老的街，街上店鋪賣一些藥材、野生蕨菜、冬蟲夏草、天麻、雪蓮花、彌猴桃、核桃等山地土產。為了開發旅遊，鎮上正在大興土木，建了些旅館，還有一個長途汽車站。

現鎮上居住的均為漢人，但也遇到一些彝人來買日用品。向兩邊高山仰望，見到高處有民宅及耕地，那就是彝人的家園。彝人原本住在磨西一帶的山谷中，後來漢人移進山谷，與彝人發

生衝突，彝人就移居高山幽靜的地方了。他們都是能吃苦耐勞的人，又分黑彝和白彝，從前黑彝較高貴，白彝多為奴隸。

毛主席曾睡過的床

我們在鎮上見到一個非常別致、老舊的法國式基督教堂，現尚維護完好。19世紀及20世紀初，法國傳教士來此地傳教。在那個年代到此窮鄉僻壤，生活非常艱難，傳教士對宗教的虔誠的確令人佩服。這個教堂與磨西鎮在歷史上還曾扮演了重要角色。1935年5月底，中央紅軍長征過此，當時毛澤東曾在教堂旁的房子過了一兩夜。我進入那間小樓，見到一個床架，牆上寫著「毛主席曾睡過的床」。紅軍經過大渡河時為其長征途中最艱難的歷程之一。早七十多年前，太平天國的石達開就是沿著同樣的路而走，在距磨西以南幾十公里的大渡河邊的安順場被清兵包圍了整整一個月，最後三萬餘眾全軍覆沒。石達開為保全將士性命，與清軍談判自請投降，最後在成都被處極刑，慷慨就義。當紅軍抵達安順場時，蔣介石也宣稱要使毛澤東做「石達開第二」。當時毛澤東審時度勢，決定兵分兩路，部分兵眾渡河，由劉伯誠、聶榮臻率領，沿大渡河東岸北進，主力部隊則由楊成武、王開湘率團為前鋒，沿河西岸日夜不停過磨西直奔瀘定。想來當毛到了磨西，睡在這床上時大概也徹夜難眠，心裏苦愁：「我不要做石達開第二啊！」

我們的導遊是在磨西這一帶長大的，他告訴我們很多當地的軼事。他說石達開的殘部有一些散失在這一帶，被彝人抓去作了奴隸。現在還有許多後代留在這裏，在這些秀麗的山澗落戶過活也總比被殺戮或四處流浪好得多。當地對紅軍過境的事蹟傳頌很

多。導遊說據他們估計當時紅軍也就只有一、兩萬人馬，雖沒聽說有擾民的事件，卻也傳聞老百姓的老母雞少了很多隻。這個故事說明當時紅軍軍紀的確不錯，只是那些老母雞一下碰到那麼多陌生人，慌忙中也就為革命做了「貢獻」。

當天早上我們在冰川感到十分的冷，但夜間來到磨西鎮卻熱壞了。青藏高原山谷起伏落差非常大，從海拔7500多米的貢嘎山頂向東29公里就下降到1000餘米的大渡河。磨西鎮位於大渡河河谷附近，初夏時分空氣潮濕而悶熱。晚餐後大家在小鎮街上走了一圈，很早就休息了。

大渡河

次日早起，導遊催促大家儘早上路。早餐後，天微明，就離開了寧靜的磨西鎮，還沒走多久，見到山路因昨夜下雨塌方，無法通行。路上已開來了推土機，附近的護路人員在那裏修路。我們下車等候，遠望山中溪水上有一小鐵索橋。導遊說當年毛主席與紅軍就曾走過這小鐵索橋長征北上，還有一隻馬不慎掉到河裏去了。兩邊高山上彝人家園歷歷在望。回看磨西鎮，還真像一隻蟠龍。修路工人工作了近一小時才將山路清理通暢。我們就繼續前進，過一大橋，走到大渡河之東，再沿河北上。

大渡河發源於青海，穿流於高山叢林的深谷中，滾滾南下。終年雪山，山路險陡，上下起伏。見到幾個車禍，車隨水去人無影。停車時我摸了一下河水，真是冰冷的，我想再壯的大漢落水後也堅持不了幾分鐘。回想七十多年前紅軍長征沿江北上的確是千辛萬苦。也見到兩岸許多古代冰河的痕跡，我們在河谷中見到一個很大的石塊。頂端還建了一個房子，十分有趣。當地居民傳

說，清代時此地發生過大地震，這塊大石是從對面山頂上掉下來的，但從石頭上的痕跡可知是冰河推過來的，在此已不知幾百萬年了？

石棉懷古

石棉縣因產石棉而得名，縣政府所在——新棉鎮位於磨西鎮之南數十公里的大渡河畔。筆者曾於1999與2000年兩度前往探訪。眼見大渡河波濤洶湧、水深流急，兩岸高山聳立，景色壯觀。鎮上有一個章炳麟題字，紀念石達開的「翼王亭」。

我在那裏與當地居民談到1863年太平天國石達開部，與1935年中央紅軍奮戰於鎮邊松林河畔安順場的往事。前者不幸路絕糧盡，全軍覆沒，石達開慷慨就義。英雄末路，千古悲劇，令來者為之惋惜！而後者卻經此絕路脫險，衝過山川險阻北上會師，其後重整根據地，終成革命大業。我在安順場的村落，大渡河與松林河畔徘徊、憑弔良久，回思失敗與成功的英雄們均已去久遠，但見四周青山猶在，大渡河滾滾依舊，不禁激起無限的悲歡與驚讚！

瀘定

由磨西車行約兩小時我們就到了瀘定。瀘定縣城位於大渡河東西兩岸，自古以來為四川進藏之要道。有名的瀘定橋建成於清康熙四十五年（1706年）。當時是為了溝通漢藏，穩定藏區而建。橋長101米，橋端有康熙題字——「瀘定」兩字，蒼勁有力。我們下車後沿橋走過大渡河，這個吊橋由13根鐵鏈固定在兩岸橋臺柱上，現橋面鋪了三道木板。只能通過行人及人力小車。

橋高於水面幾十米。我們走上橋西端的一個廟宇，俯瞰瀘定橋及瀘定城全景。大渡河滾滾急流，氣勢雄偉。

1935年初夏中央紅軍長征抵此，曾為爭奪瀘定橋作了英勇的戰鬥。當時駐守瀘定的為川軍劉文輝部，他們志在保存實力，不願與紅軍死拼，只求紅軍快速過境，捨不得炸毀瀘定橋，僅在前夜抽了靠西端的一些橋板。5月29日清晨，紅軍先鋒已到達西岸與川軍隔河對峙。直到下午四時大軍雲集，開始發動攻擊，紅軍猛勇，很快就突破敵陣。劉文輝部逃之夭夭，紅軍損失有限，只有三位烈士殉難，這就是有名的「飛奪瀘定橋」，為中共革命史上關鍵性的歷史豐碑。

我在瀘定見到一張照片乃是楊成武將軍回到瀘定參加「飛奪瀘定橋五十周年紀念會」，他站在橋上與縣裏的領導的合影，題字為「紀念猶新」。楊將軍此役的輝煌事蹟將永昭史冊。

瀘定不大，早市卻很熱鬧。因為是週六，革命紀念館沒開放，我們在鎮上蹓了一下，拍了幾張照，就離開了這可愛的山城。

尾聲

歸途中，我們沿著大渡河、過二郎山隧道、天全和川雅公路回成都。回思這幾天所見海螺溝及大渡河，壯麗雄偉的雪山、冰川、深谷、急流及森林，也悲歎、驚讚許多雨打風吹都未洗去的英雄事蹟。令我感到「時勢造英雄，山川資豪傑」真非荒誕之言也！

（原載於《世界周刊》，1413期，2011年4月10-16日）

川西草原：蒼茫依舊、成敗早空

　　四川的西部介於四川平原與西藏之間，民國時期曾設西康省。這一帶是青藏高原的東部，人煙稀少，叢山、草原、河流、喇嘛廟交織成一幅自然綺麗風光。毛澤東長征時曾千辛萬苦地經過這裏，越高山、渡激流、涉草原，使此地增添了人文氣息，也名聞天下。一直想去那裏尋古探幽，總因交通不便，未能如願。2007年初秋，我與老妻重訪成都，正逢友人小寶買了輛新車，乃隨他一路前往川西攬勝，徘徊四五日，領略山河壯麗，追尋紅軍舊蹤，並遭逢艱險，可謂不虛此行。

深谷激流大白菜

　　我們天未破曉起程，一路飛馳，過都江堰後沿岷江向北而行，進入山區，不久到了汶川。這裏為羌、漢雜居，山地房舍多用山石堆積而成，簡陋破舊。2008年大地震，此處災情慘重，舉世震驚。由汶川折向西沿雜腦河逐漸爬高，見兩旁峽谷聳立、山崖崢嶸、溪水急湍、植被有限、村落稀少。這條路是去甘孜、昌都的進藏要道，路過理縣，此地是山谷中最大的一個鎮。

　　稍停午餐，繼續上路，見到許多貨車載滿大白菜，山谷溪水之畔到處都種滿大白菜。此處山高天寒，夏日適於大白菜生長，以至產量豐富，成為山間居民的經濟作物。我們在山谷中走了好幾小時，頗有在「大峽谷底」的感覺，天氣變化頻繁，一下落雨，過一山頭又見蔚藍晴空與潔白雲朵。小寶年輕氣盛，在深山

中急駛如履平地。這一帶的山巒屬於邛崍山系，也就是毛澤東的名詩《七律。長征》中所說的「更喜岷山千里雪」。當時紅軍翻越了夾金山等雪山，艱辛備嚐。

草原上的重鎮——紅原

我們穿越鷓鴣山隧道，過一小鎮——刷經寺，地貌開始改變。見到了青蔥山巒，再北行到「查針梁子」，那裏海拔已達4125米。山頂有一戶住家及商店，其旁立一大石碑，上書「黃河長江分水嶺」。我們來時見到的雜腦河及梭摩河均分別注入岷江、大渡河，歸於長江，而在查針梁子之北的白河（嘎曲河）則是由南向北而流注入黃河。

我們在山頂張目四望，南面山巒起伏，北方草原茫茫，河溪蜿蜒，美哉山河！近黃昏時抵達紅原，這是一個相當大的鎮，也是川西草原的商業、行政中心。居民多為藏民，近年也有一些漢人遷此做生意。市區內有許多販賣皮貨及山藥等當地土產的商店。我們在一個招待所過夜，時值初秋，這裏晚上的氣溫已接近冰點，寒氣逼人。當年紅軍過草原時正巧也是此時節，可見其艱辛。紅原海拔約3600米，所幸我們一路漸漸適應，過夜僅有很輕微的高山反應。

次日天剛破曉，我們就上路，見到鎮邊紅軍過草原的紀念碑及巨幅壁畫，氣勢磅礴。

天蒼蒼、地茫茫、黃河源遠流長

第二天，幾乎整天時間都是在草原中，先沿著白河，兩岸均為無邊無際的草原，偶見一些藏民在原野上的房舍及牧場，許

多羊群及氂牛。過瓦切，來到唐克鎮，這裏是白河注入黃河（瑪曲河）之處，有幾個很具規模的喇嘛廟。兩河匯口的對岸是甘肅省，向西不遠就是青海省的巴顏喀拉山。黃河發源於巴顏喀拉山之北，蜿蜒而流至此，是以這一帶有「黃河九曲」及「黃河第一彎」之稱。我們在那極目遠望，只覺大河蒼茫，源遠流長。深深體會到這條母親河孕育中華民族的文明，其勢偉哉！

長征中的重要小村——巴西

由唐克折向東行，一路草原、河流，到月亮灣。走上一個小山坡，眺望遼闊的沖積平原，河流蜿蜒曲折、變道萬千，景色奇特秀麗，也顯示了最佳的河川沉積模型。再向東，我們到了草原北部的重鎮——若爾蓋。這個鎮與紅原相似，也是藏漢雜居，為川西北通往甘肅必經之地。城邊有一條黑河（墨曲），因流過的區域砂岩的成分使河水呈淺黑色，故以得名以別於水色清純的白河。

我們再向東，過班佑河，抵達一個小小的村落。這個蕞爾小村卻在中共歷史上寫下重要的一頁。1935年夏天，毛澤東領導的紅一方面軍與張國燾的紅四方面軍在川西懋功（今小金）會師，但毛、張二人為權力及行軍路線爭執不休，當時張人多勢眾，氣勢凌人。九月初旬，毛及一方面軍千辛萬苦走過草原，並與國軍胡宗南部鏖戰，始抵達巴西。整修五、六日後，毛突然乘夜率領他的幾千殘部脫離四方面軍，單獨北上甘肅。其後張國燾由阿壩南下失敗，只得前往陝北，慘遭鬥爭、失勢。

戰爭與鬥爭留痕——喇嘛廟廢墟

我們在那裏見到一個很大的喇嘛廟廢墟，其前有一塊大石碑，上面刻了幾個紅色大字——「巴西會議遺址」。廟旁有一小屋，門上寫著「巴西會議紀念館」。但門已緊鎖，只得在窗外向內探看，僅見一些相片及說明。

老妻一再催促我抓緊時間，儘早上路。但小寶與我還是不停地在巴西小村四處張望。只見廢墟不遠，有一兩座後建的喇嘛廟，其旁有許多簡陋的房舍，都是喇嘛的住所。四周山丘起伏，地勢閉塞，遠處山坡有兩個小村莊。

我們見到幾個中年喇嘛，和他們搭訕，問他們：「當年毛主席在這廟裏住了幾天？」答：「大概五、六天。當時喇嘛廟裏和四周的喇嘛房舍都住滿了中央紅軍。四方面軍徐向前、陳昌浩的部隊是住在對面遠處山坡的村落。」問：「紅軍軍紀如何？有沒有擾民的事？」答：「軍紀很好，沒有傷害人民，但徵糧緊迫，他們先把活佛及這裏有頭有臉的人關係搞好，再大力徵糧。我們這一帶人稀糧少，一下來了那麼多人，提供糧食實在不容易，徵糧給百姓帶來很大的困難。」問：「當時毛主席帶著多少人？」答：「也就是八千上下。」我指著那廢墟說：「毛主席住過這個廟，他走後一定是年久失修，成了這個樣，你們為什麼不修一下？」答：「這個大廟在毛主席離去那夜裏忽然起火，而且附近的喇嘛住屋也都起了火。這個廟那一夜就燒成這個樣了！」問：「如何起的火？是誰放的火？」答：「這就不好說了，沒人知道。」

這個喇嘛廟廢墟給後人述說了在此發生的毛張鬥爭，以及戰爭的殘酷、無情！

紅軍過的草原

我們這兩天來到的草原無邊無際，也正是七十多年前同一個時候，毛澤東帶領他的殘部由毛爾蓋北上走過之地。這是紅軍長征途中最艱難的歷程之一。據巴西的喇嘛告訴我，當時最困難的並非沼澤、迷途及天寒，而是草原中沒有任何補給。幾萬人馬（包括四方面軍）熬了約十天，沒見一個村莊、農田及人家，無可補給造成很大的死傷。所幸在寒天風雨中走完這漫長之路，並在巴西停頓幾天，並大力向喇嘛及居民「徵糧」，得以繼續走完長征。

宏偉的喇嘛寺院

歸途中再過大草原，一路蒼茫，來到紅原附近麥窪的「興盛大慈法輪洲喇嘛廟」。這個寺廟位於草原旁的一個山谷中，有好幾個大殿及許多房舍，佔地廣闊，儼然是一個城堡，乃是川西北最大的紅教寧瑪派寺院。我們參觀了幾座大殿。其中的大雄寶殿有三層，裏面有釋伽牟尼、蓮花生大師、文殊菩薩、強巴佛、無量長壽佛、寧瑪——租隆慶巴、觀音菩薩等佛像及經書三萬多冊，還有許多金碧輝煌的壁畫和精細艷麗的唐卡。

據喇嘛告訴我們，「興盛大慈法輪洲喇嘛廟」於1646年始建，開始傳授「隆興精義法」。曾兩度遷址，於1938年遷到麥窪，當時有兩千多喇嘛，但文革期間被徹底毀壞。後經十世班禪批准重建，1993年完工。小寶安排我們晉見了該寺院主持人喜喇堅贊仁波切活佛，他與我們會晤，贈送釋伽牟尼塑像給我們，還作了簡單的「灌頂」。我對宗教缺乏「素養」，但很神奇的乃是那兩天我本來腸胃不好，卻是被活佛「灌頂」後，整日舒暢。

該寺院的喇嘛請我們吃了一頓飯，不是齋飯，而是氂牛肉包子和酥油茶。原來喇嘛不是素食者，大魚大肉都吃。因為在青藏高原從前根本沒有蔬菜、水果，只有肉可吃。

我們曾去過拉薩、青海、內蒙等地的許多喇嘛廟，但此次訪問這個紅教寺院，同時見到活佛與氣勢雄偉的喇嘛山莊，才深深體會藏教的博大精深、深入民心，是藏族文化精髓之一。

離開喇嘛寺院，我們回到紅原招待所過夜。

山谷中熱鬧的蘆花小鎮

次日一早，我們上路，先過草原，後翻過羊拱山口，車子走過海拔4800米的高處。我們停車下來觀賞，只見經幡滿山，山下雲霧重重，山道盤旋，非常壯觀。回想當年毛主席的紅軍長征時沒有公路，要翻山越嶺走過這一帶，可真不簡單。這幾天一路登高，逐漸適應，加之高山空氣清爽，我們的高山反應十分輕微。下了山口，進入山谷，舉目只見一線天。過一小村，名叫「沙石多」，想來此地的岩石必有不同。果然不久就見到黑水，這條河因沙石很多，水呈淺黑色，奔騰激流。不多久我們到了黑水縣縣城所在的蘆花鎮。這個鎮是從茂縣到紅原幾百公里中最大的鎮，一條主街沿著黑水，房舍、商店不少，人口約有一萬多，是個很熱鬧的山城。當年紅軍長征到此，整修十多天，開了幾次重要的會議，向老百姓徵了不少糧。

毛爾蓋遇險

我們下一個目標是毛爾蓋，是長征中所過的一個非常重要的小鎮。毛、張在此激烈爭執，後妥協。毛在此決定率部向北走過

荒無人煙的草原去巴西，而張則去了阿壩，導致以後的分裂。

　　我們在蘆花吃過中餐後沿黑水向東，然後折向北沿毛爾蓋河而行。過了晴朗鄉，路況越來越壞，幾乎就是田埂土路。路上常有尖石、積水，兩旁均為高山峭壁，行車十分困難。最後我們的車子被路上的尖石打壞，機油漏光。在這荒山遇險，的確十分怕人。所幸附近有個小水電站。我們將車推到那裏，承站上的工作人員幫助，找到一個藏人開車送我們，走了三四小時回到蘆花過夜。

　　第二天天未破曉，我就被鎮上的廣播軍樂吵醒，原來已有許多早起的人在河邊小公園裏做著晨操。這小鎮倒有不少情趣。我先送老妻上長途公車回成都，就與小寶找到一個修車師傅，帶齊燒焊工具，與藏民一道又走了三四小時，回到停放我們車子之處。約一小時多，車總算修復。我們再三向水電站的員工感謝他們的幫助。乃與師傅、藏民一道駛回蘆花。

　　一路與他們搭訕，那藏民十分憨厚。令我感到他們住在這荒山僻野，只與天爭，而少與人爭了。師傅告訴我他是自貢人，前幾年才來蘆花開修車場。我問他這裏海拔高、天寒地凍、閉塞不便，為何來此呢？他答得很簡單：「這裏好混日子！」看來他的生意做的不錯。想來當年毛主席也和這位師傅一樣，在此待了一陣，主要也是因為此地沒有國民黨的大軍，連國民黨的飛機也不能飛到這山谷來，同時還從老百姓手中要了不少糧。當時毛主席長征一路草行露宿到此，可能也在想：「這裏的日子好過些！」

　　我們走了兩小時多見到黑水，乃與師傅及藏民再三致謝、道別，踏上歸程。午夜後始返抵成都。

尾聲

　　此行觀重山峻嶺、蒼茫大河、無際草原及輝煌佛寺；追思紅軍舊事、長征艱辛，體會到鬥爭與戰爭之殘酷、無情。但覺草原蒼茫依舊，只是成敗早空，歷程中遇險化夷，可謂不凡之旅！

踏破賀蘭山闕、觀賀蘭岩畫

　　岳飛的《滿江紅》曾寫道：「駕長車，踏破賀蘭山闕。」酈道元在《水經注》裡曾提到的「畫石山」，也就是賀蘭岩畫。名聞天下的賀蘭山和稀世珍寶的賀蘭岩畫到底是什麼樣子？我慕其名已久，遂趁去銀川之便，與老妻前往賀蘭山攬勝觀畫。

巍巍賀蘭山

　　賀蘭山屬於陰山山系，綿延200公里，得名於唐代居此的匈奴「賀賴部」。自古以來，賀蘭山地區一直是薰育、犬戎、羌、匈奴、鮮卑、突厥、蒙古等少數民族遊牧的地區。秦始皇統一天下後，為了防禦匈奴，派發明毛筆的蒙恬沿黃河築長城屯兵戌守，並鑿渠引黃河灌溉。漢、唐、元、清以至當今築渠不斷，帶給寧夏綠野與富饒，滋潤了這裏的景觀與文化。漢武帝時民族英雄衛青出擊匈奴，收復河套並「駕長車，踏破賀蘭山闕」，沿山修築長城戌守，以後明代也曾復修寧夏長城。

　　唐代安史之亂，唐明皇被逼吊死了楊貴妃，逃去四川。其子李亨（肅宗）則逃到靈武（當今寧夏靈武），被立為帝，由郭子儀扶佐開始恢復唐朝的中興大業。其後（678年）唐朝在現銀川首設懷遠城，為戌邊重鎮。元代始定賀蘭山下地區為寧夏路。

　　據考證，岳飛從來沒去過賀蘭山攻擊西夏，他的一生都在為收復中原，抵抗盤據幽燕及中原的金人而奮鬥，直至含冤而死。宋代岳飛後人編輯的岳飛文集裏也沒有《滿江紅》。有人認

為《滿江紅》可能是元末明初時的作品，只是借岳飛之名而已。但無論如何，岳飛的偉大，《滿江紅》的悲壯，以及賀蘭山的雄偉，都是無庸置疑的。

我們由銀川出發，約一小時就到了蘇峪口森林公園，那兒有90多處風景點可供遊覽，我們看到羊、馬，鹿，山雞等珍貴動物。漫步其中良久，茫茫林海，層林盡染，幽靜自在，在此小憩，塵慮皆遺，溽夏頓消。

滾鐘口以風景清幽而出名，有西夏及民國軍閥馬福祥、馬鴻逵父子的避暑遺址，另外拜寺口雙塔為西夏時期所建。筆架山在賀蘭山小滾鐘口，三峰矗立，宛如筆架。這裏出一種紫石，即為有名的賀蘭石，可為硯，俗稱「賀蘭端」。景點太多，難以一一觀賞，只得走馬看花。老妻拍了幾張照片以作留念，我們就趕到賀蘭口去觀賞賀蘭岩畫。

文化瑰寶——賀蘭岩畫

古代賀蘭山一帶是遊獵、遊牧民族生活的地方，他們在那留下很多岩畫圖像，形態怪誕，分佈廣泛，是世界上岩畫寶庫中的稀世珍寶。

北魏地理學家酈道元，在其巨作《水經注》中記載到：「河水又東北經渾懷障西……河水又東北歷石崖山西，去北城五百里，山石之上，自然有文，盡若戰馬之狀，類似圖焉，故謂之畫石山也。」這裏提到的「畫石山」就是賀蘭山岩畫。

已發現的賀蘭山岩畫共約一萬件，包含了從新石器時期一萬年前直到七、八百年前西夏的創作，其中最多的是距今三千到五千年。它的出現比文字要早。現存的岩畫有用礦石顏料畫的和

用工具鑿刻的，它是古代民族表情達意的符號，與原始文字有關連，但也自成體系，與文字有區別。岩畫展示了古代民族的文化及其交流方式，促進了我們對古代民族的瞭解。賀蘭山岩畫分佈很廣，但以賀蘭口的岩畫最具代表性，現已修整開放，供遊人參觀。

我們抵賀蘭口時日已西垂，涼爽怡人，進門有一研究中心，隨伴的響導是一位研究員，為我們講解說明得十分精闢。賀蘭口為一古隘道，我們見到明代戍邊的刻石及堡壘。岩畫分佈於溝谷兩岸的斷崖石壁上，以北崖向陽處數量居多。南崖主要分佈於溝口附近，山巔溝畔均有，總共約有個體圖像五千件，佔賀蘭山岩畫一半。據推測，這裏可能是古代祭祀的聖地。

新修建的景內小道十分雅致，在溝谷兩岸綿延600多米的山岩石壁上，岩畫藝術造型粗獷深厚，構圖樸實、具有獨特的意境和藝術價值。其中最多的是各種各樣的人面形，有似一個站立人的輪廓，雙臂彎曲，雙腳叉開，腰佩長刀，有的人首長犄角，有的插著羽毛，這些都可能是表現狩獵時的姿態；有的還戴著尖形或圓頂帽。表現女性的岩畫，有的戴著頭飾，有的綰著髮髻，風姿秀綽，楚楚動人，再現了幾千年前古代婦女對美的追求。還有一些表現生活的歡樂和情趣，或大耳高鼻滿臉長毛，或嘴裏銜著骨頭。

類人首圖形各異，似圖騰，似神靈化身，神秘而怪誕的反映了古代民族認識世界的一種精神理念——自然崇拜及對天地神鬼的偶像崇拜，也反映了古代人類屈服自然的威力和祈求神靈保佑的心靈。爬坡至半山見到一個奇特多姿的「類人首」，被稱為賀蘭山岩畫最佳的代表作。

　　另外也有多種多樣的動物岩畫，山羊，駿馬以及飛禽走獸，個個形象逼真，栩栩如生。有個畫像邊有西夏文，譯成漢文為「佛」，「德法盛苗芽善」。說明西夏黨項人對早幾千年前的類人首像也產生了畏懼，把他們看做神靈來拜祭。

　　還有一些岩畫反映了賀蘭古代民族對生殖器官的崇拜和生命播種繁衍的重視，以及對性樂趣的追逐。我對老妻說：「這幾千上萬年前刻岩畫的大師也許就是花花公子（Playboy）創始人休斯·海夫納（Hugh Hefner）的祖師爺。」

　　在景區拍了許多照，留為以後研究之用。看了一圈，已是黃昏時分，只聽溪水淙淙，群山寂靜。這也正是當年創作這些岩畫的畜牧人們趕著牛羊回家晚息的時候。我們就起程回銀川了。

尾聲

　　歸途中回首遠方連綿如屏的賀蘭山。我此行終於踏破了賀蘭山闕。我希望許許多多的中外人士都能像我一樣，踏著衛青與酈道元的足跡去賀蘭山觀賞其壯麗的景色，豐富的古跡，以及那稀世珍寶──賀蘭山岩畫。

（原載於《世界周刊》，1479期，2012年7月23-29日）

▌東西交流要道──河西走廊

　　絲綢之路從西安到喀什之間，我曾去過許多次。卻是以前一直未能走過河西走廊。河西走廊是自史前時代以來，人類東西交流的必經之道，有許多值得觀賞的歷史、文物景點。我總是想去那裏尋古探幽，遂與老妻於夏日由蘭州一路探訪到敦煌。

蘭州

　　我們由成都出發，飛到蘭州已是深夜。次日在蘭州看了一天。這裏我以前曾來過多次，此次舊地重遊，只見市貌已大為改觀，當年的舊屋陋巷現已改為高樓、大道。蘭州是甘肅省會及黃河第一個大城。黃河滾滾流過市區。其上有1909年（宣統三年）由德國人建造的「中山橋」，乃是黃河上第一座大橋。經歷了一百年的風雨，如今猶屹立如故。

　　河北面的山崖為白塔山公園。我們乘纜車而上，參觀了元代成吉思汗時期修建的白塔。不遠處有一碑林，陳列了歷代名家書法，琳琅滿目。在院前眺望黃河江水滔滔，及蘭州市區高樓林立。

　　蘭州市內的甘肅博物館是我在中國參觀過的具規模性的博物館之一。其中文物陳列繁多有序，最重要的乃是有系統地介紹了中國古文化與東西交流的發展。蘭州的羊肉全國聞名，我與老妻到老字號──馬中華吃了一餐手抓羊肉。那裡的羊肉一點腥味也沒有，的確美味可口。

蘭州是石化重鎮，中國最早具規模的石油生產來自玉門及新疆，後鐵道建成，用火車將原油運到玉門煉製。玉門為一河谷地帶，以往漫天烏煙，環保很差，這次去發現已有很大進步。

河西走廊一瞥

在蘭州留了一天，次日一早搭上去嘉峪關的特快車離開蘭州向西而行。這一程對河西走廊的地貌一覽無遺。離開蘭州的頭一個多小時經過隴東地區，四處草木叢生，但過了烏鞘嶺，進入河西走廊，地貌就大不相同。河西走廊從東面的烏鞘嶺一直延伸至甘肅西部的玉門關，其南為祁連山、阿爾金山，北為馬鬃山、會黎山和龍首山。全長近一千公里，寬從幾公里到一百公里，為一狹長的平原縱谷，大多是戈壁灘，其間點綴著大大小小的綠洲。

車先過古浪，不久到了武威，那裏是很大的綠洲，又稱涼州。從武威西行，走出綠洲又進入戈壁、沙漠，大地佈滿卵石與砂礫，遍及天邊。不見人煙、房舍、牲畜，一片空曠寂靜。不時見遠處海市蜃樓，忽隱忽現；天色一時晴朗蔚藍，一時細雨陰暗。一路偶見小的綠洲及遠處祁連山雪峰。車行三四小時到了張掖，這裏也是很大的綠洲與城市。見到兩旁種植不少果樹及農作。

離開張掖不久，車過高臺及臨澤。這兩個地方在中國近代史上曾發生過一椿悲慘的戰事。1937年初，中共西路軍在此被馬步芳部徹底消滅，兩萬兩千名軍士中大部分戰死或被俘虜、活埋殘殺，千餘名婦女慘遭凌辱。這個舊事至今猶為當地人不斷談論。此行我在火車上觀察了河西走廊的地貌，同時在車上與當地居民談論了西路軍覆滅的軼事，瞭解到當時嚴冬冰寒，河西走廊戈壁

連天，而回民風情隔閡，是以西路軍的進軍河西走廊以天時、地利與人和來看，都是重大的失誤，以致失敗難免。

嘉峪關

下午三時多，我們抵達嘉峪關市。到此最主要的當然是去看長城西端的天下第一關。在旅館安頓後，我們立刻搭上計程車前往嘉峪關。嘉峪關是一個完整的城堡，分為內城、外城、甕角樓、箭樓、敵樓、城樓等。有兩座關門，門頂上各建一方平臺。臺上有兩座三層樓的城樓，設計精良、建築宏偉。嘉峪關保存的十分好，我們走到城牆上眺望四處，其西北為馬鬃山，南為祁連山，中間為一狹長有似咽喉的平原，這裏是河西走廊西部的「第一隘口」，令人有「一夫當關、萬夫莫敵」之感。登嘉峪關才領略到明初大將馮勝在此築關堡以禦外敵的明智。

離開嘉峪關城堡，師傅開車帶我們到七公里之北見到「懸壁長城」。這一段長城由平地築起，向北上升沿黑山山脊而建，有似懸掛山顛，地勢險要，氣勢雄偉，又被稱為「西部八達嶺」。只是一般旅客都僅看嘉峪關城堡，而不到此觀賞，那裏空蕩蕩地沒有幾個人。我與老妻上了城牆，走了一程，為群山雄關之雄偉而驚讚。迢迢長城之上只有我們兩人，使我不禁有「前無古人、後無來者」之感。

看過「懸壁長城」後，我們又去南面的「萬里長城第一墩」。這裏是明代建嘉峪關時的最南端，也是當今萬里長城最西起點的第一個烽火臺。現烽火臺只剩一座土墩。其旁為深八九十米、寬一百多米的深谷大河——討賴河。河邊陳列了許多古代的兵器與瞭望台。大河、深谷上架有一座近年新建的鐵索長橋。

我們踏橋而過，谷深橋晃，驚險無比。望兩岸懸壁，景色雄奇壯觀。師傅告訴我們，討賴河是明朝與異族隔河對峙之地。當時雙方都沿河谷築城牆，瞭望、防禦。可見嘉峪關不僅有叢山隘口之險，也兼具大河深谷屏障，無怪乎明初選此地為萬里長城西端的第一關。

嘉峪關市

回到嘉峪關市區，這裏有許多近幾年才建的大樓、商行。街道寬闊、整齊。現嘉峪關市人口為18萬，除了旅遊業外，還有大型鋼鐵廠，整個城顯得欣欣向榮。

酒泉

從嘉峪關市區中心搭乘巴士半小時就到了酒泉。酒泉最值得看的就是酒泉公園，據說在西漢時，驃騎大將軍霍去病率領大軍過焉支山出擊匈奴，大獲全勝。漢武帝立即賜霍去病御酒一罈以為獎賞。霍不願獨享，但數萬將士如何分酌，於是他把三軍聚集於泉水旁，將御酒倒入泉水中，讓將士開懷痛飲含酒之泉水。酒泉因此得名。

酒泉公園進門有一大牌坊，上書「浩氣英風」，紀念霍去病出征的事蹟。院內佈置幽雅，到了池邊，見到泉水旺盛，清澈見底。這些泉水主要是祁連山的雪水流入沙漠、戈壁地下而形成。

酒泉現為中國衛星火箭發射基地。從1970年的第一顆人造地球衛星，直到近年載人的東方紅衛星都是由此發射登空。火箭發射指揮中心距酒泉市有280公里。我們因時間有限，就不得而去了。

玉門

　　次日我們由嘉峪關搭長途巴士前往敦煌。這一程也多是戈壁，中間有幾處綠洲。路過玉門市稍作休息。玉門是中國石油工業的濫殤之地，上世紀30年代在此開始勘探工作，開啟了如今中國龐大的石油隊伍。玉門市很小，但市容尚可稱繁榮。

西部大開發

　　這一路我們見到各式各樣的重型貨車、工作車在高速公路上川流不息。同時見到正在修建的高速動車鐵軌。據說完工後，從蘭州到烏魯木齊只要三個多小時。近年火車已通了支線到敦煌，現正修建由敦煌到格爾木的鐵道幹線。完工後將使新疆、甘肅與青海、西藏連接起來，對西部的開發必有極大的幫助。西北地廣人稀，戈壁、沙漠隔絕，近十多年來中國積極開發西北，大量進行基礎建設，促進西北經濟發展及改善人民生活。我們經過許多城鎮，大多顯得欣欣向榮。

尾聲

　　經過八個多小時的車程，我們最後到了敦煌，走完了整個河西走廊。這幾天的河西走廊一覽使我對這遠古以來東西交流的要道，以及在歷史上作為文化經濟傳輸的絲綢之路有了清楚的認識。古代捍衛中華的雄關——嘉峪關、創建歷史豐碑的酒泉、近代石油濫殤的玉門、令當代中國人揚眉吐氣的酒泉衛星發射基地，散佈在漫長、荒蕪的戈壁、沙漠之中，顯露出中國人民古往

今來、堅毅不拔的精神。我願正在進行的西部大開發帶給西北的
中國人更多的福祉！

探幽篇

蜀南竹海翠秀甲天下，竹林、瀑布、溪水、湖泊、岩腔、寺廟交織成清幽翠秀的奇景。我們漫步於林中曲折小徑，舉首四望高聳竹林，幽深秀麗。旭日初升，竹葉間灑下縷縷金光，遍地點點斑爛。見一瀑布由山丘竹林中瀉下，正值陽光斜照，現出一道彩虹，增添深谷韻味。在此耳聽山泉瀑布，感到周身雨霧清涼，使人忘卻塵世紛煩喧囂，留連忘返。登上觀海樓，但見山巒起伏，青蔥翠竹滿目，迎風蕩漾，似海浪波濤，綺麗澎湃。遠處稀疏人家，炊煙裊裊，若隱若現。到此始知蜀南竹海氣勢磅礡、景色不凡。

▌萬里迢迢尋訪長江源

　　幼時在重慶、南京、上海幾處長江之畔度過。離去近30載，我於1978年首次返回大陸，當飛機凌空越過長江時，不禁激動萬分、熱淚盈眶。多年來，由上海浦東，上行遊覽南京、九江、武漢、三峽、重慶、宜賓、攀枝花，直到虎跳峽、長江第一灣。長江千嬌百姿，百看不厭。一直想去長江之源看看，但總覺「唯恐高處不勝難」！

路途迢遠崎嶇

　　2010年仲夏之際，我與老妻由成都飛蘭州，然後搭火車沿河西走廊到嘉峪關，再轉乘長途巴士前往敦煌。一路見到許多城鎮零星散佈在戈壁、荒漠之中。這是我第四次來敦煌，此次專程拜訪老友劉、韓二君，相聚甚歡。承他們安排，我們作了一次長江源頭之旅。

　　抵敦煌次晨，劉女士與毛師傅來接我們上路。劉女士年輕識廣，閱覽豐富，毛師傅行遍名山大川，駕駛技術非凡。我們此行十分幸運能與他們二位同行。

　　第一天，我們走了540公里。出了敦煌，只見滿目荒漠，偶見流水、大湖、草原及海市蜃樓。也見到一些高原駱駝，淡棕色，較一般駱駝小，十分逗人喜愛。敦煌海拔約1300米，向南行一路逐漸升高。正值公路翻修，道路崎嶇難行。過一小鎮，為阿克塞哈薩克族自治縣縣城所在，再前行不久就到了當金山口，這

裏海拔已達3648米。路況卻逐漸轉好，群山之間的高原公路起伏不斷，但少有盤旋。出了甘肅，進入青海後，過海拔4136米的獨尖山，兩旁山勢更為險峻。我們中午在柴旦鎮稍停、用餐。再繼續南行，沿途多為沼澤，見到幾處大湖，及滿地的鉀鹽沉澱。下午五時多，到了格爾木市。

格爾木

格爾木首先給我的印象乃是欣欣向榮。該市為青海僅次於西寧的第二大城，現有人口約20萬，為柴達木盆地中煉油及鉀肥工業重鎮，也是進藏的要道。青藏公路、青藏鐵路均由此經過。特別是2007年，青藏鐵路全線通車後，百般建設、經濟起飛，市內高樓林立、街道整齊、潔淨。居民多為回民、漢民，藏族較少。近年來，許多外來的人到此工作。但比較難適應的乃是這裏海拔約2800米的高原地勢。

青藏高原

第二天一早上路，我們首先見到格爾木河，過格爾木水庫，沿途深谷、洪流、峻嶺、荒漠，領略到高原冰山、大河之勢。不久崑崙山在望，雪峰連綿、雄偉壯觀、美麗非凡。崑崙山為我國最主要的山脈之一，西起帕米爾高原，橫貫西藏、新疆之界，東到青海西部，並有巴顏喀拉山等支系。車行翻過海拔4767米的崑崙山口，進入玉樹藏族自治州，景色與昨日崑崙山之北截然不同：雪山、凍土、沼澤、草原、大河、泉水點綴於海拔四千多米的高原大漠。我們在距崑崙山口不遠的「不凍泉」停留、觀賞。這是由崑崙山雪水造成，泉湧旺盛的潔淨冷泉，也是長江上游的

一小支源流。不久見到了滿目紅遍、美麗壯觀的楚瑪爾河，此乃長江三大源頭的北支。這裏屬可哥西里自然保護區，在無邊的沼澤、草原上，我們見到珍貴的藏羚羊、野驢、氂牛等高原野生動物。

青海省的南部被稱為「三江源自然保護區」，是長江、黃河與瀾滄江三條大河發源之處。另外怒江與雅魯藏布江的源頭在西藏境內的青藏高原上。這五條大河均源遠流長，分別經中國、中南半島、孟加拉、印度而注入太平洋與印度洋，滋潤了東方文明。

中午，我們在五道梁兵站休息、進餐，再上路繼續爬高，過了海拔5010米的風火山口、及二道溝兵站，黃昏時分抵達沱沱河畔的唐古喇山鎮。

青藏公路與兵站

從格爾木到唐古喇山鎮的四百多公里是青藏公路的要道。青藏公路最早在1954年竣工通車，但大部分路面原為土石路。1974年重建，作了大量的改進，近年來也不斷維護和翻新。只是因高寒地區的凍土、沼澤，使得路基不穩，路面破損屢屢，加之為兩線對開的窄路，行車十分艱難。所幸毛師傅經驗豐富，我們總能化險為夷。沿途是漢、回、藏雜居之地，居民稀少，主要是護路人員及兵站的邊防戰士，及少數的牧民。我們見到許多練習的軍車，絡繹不絕地在公路上列隊行駛，成為高原一景。

青藏鐵路與西部大開發

百年之前，孫中山先生在《建國大綱》中就提出修建鐵路進入西藏的計畫。這個願望到2007年終於實現了。這條鐵路是世界

海拔最高的一條鐵路，其中由格爾木南下，特別是過了崑崙山，穿越高山、深谷、沼澤、大河、凍土及荒原，沿途建有許多橋樑及一些山洞。最壯觀的乃是在凍土上架起的路基，一部分是土石堆積，也有許多地方是用幾公里的長橋為基。這些路基，最主要需防止凍土溶化、地基下陷，以致工程浩大，所費高昂。為保護動物，土石路基下挖有涵洞通道以利各種動物穿行，並用柵欄阻止動物走進路軌。

「鐵路進藏」是中國西部大開發的主要工程之一，長足地帶動了西藏、青海的經濟開發、鞏固了邊防。這幾天我們一路由河西走廊來到唐古喇山鎮，見到絡繹不絕的運輸建材及施工的重型車輛，以及不斷的鐵路、公路及工、礦建設。現正在修建由敦煌到格爾木的鐵路，以連接新疆、甘肅與青海、西藏。「要致富，先開路！」這一程，我深深體會到當今中國的基礎建設確是舉世無雙的！

藏教許願者

我們在去程時見到公路上有兩個「藏教許願者」，第二天回程途中又與他們相逢。一天之內，他們可走了不少路！其中的中年人不斷匍匐跪拜而前行，另一個孩子推著一輛人力車，載了一些簡陋的日用品。我們特地停車，走過去與他們搭訕。他們家住在青海西寧附近的塔爾寺旁，此次一路已走了128天，估計如一切順利，大概還有兩個多月就可到拉薩許願。這樣一個來回要花上一年的功夫。他們並非富有，而是靠挖「冬蟲夏草」存了一點錢，就上路了。這一程過高山、曝日曬、耐寒雪、抗強風，沒有超人的身體及意志是不可能完成的。我們與他倆談了好一陣，只

見他們滿臉紅黑，但散發出無比的虔誠、信心與自得。宗教的力量真是偉大，令我感動不已。臨別，我特地向他們作了奉獻，以表敬意並祝他們一路平安。

長江源頭

　　長江的源頭在哪裏？我國先民自古就一直在尋索。《尚書·禹貢》中把岷江、嘉陵江當作長江源頭，所以有「岷山導江」、「江源於岷」的說法。岷江發源於四川阿壩藏族羌族自治州，松潘縣與九寨溝縣交界處，岷山南麓的弓杠嶺。直到明末，著名旅行家、地理學家徐霞客到雲南進行實地考察，推翻了過去以岷江為長江之源的說法，首次將長江的發源地推向金沙江之上。到了清代初年，康熙派專使探查黃河上源，順便考察了通天河上游。於是從此就有「黃河發源於巴顏喀拉山北麓，長江發源於巴顏喀拉山南麓」之說，一直沿用到20世紀70年代。中共建政以後，曾多次對通天河以上的三條支流：北線楚瑪爾河，中線沱沱河，以及南線當曲河作了有系統的勘察。1978年正式確定了長江的源頭是中線沱沱河，起始於唐古喇山北麓，各拉丹冬雪山群西南側，海拔5800米的薑根迪如雪山南側的冰川。

　　但近年來也有人提出應以南線當曲河為長江源頭的說法。因為根據遙感衛星探測計算以及多支探險隊測量，當曲是長江最長的源頭，比沱沱河長七至十餘公里。另外當曲支流多，流量達沱沱河五倍大。但沱沱河的源頭薑根迪如冰川與當曲源頭區霞舍日阿巴山相比，距入海口直線距離遠得多，海拔又接近6000米，最能體現長江發源於全球最高的青藏高原的特點，是世界最高的大江之源。綜合看來，沱沱河作為長江正源更合適。是以如今沱沱

河還是被當作正式的長江正源。

沱沱河與唐古喇山鎮之夜

　　唐古喇山鎮有「長江第一鎮」之稱，是一個以兵站為主的小鎮，人口僅三百來人，主要是戰士及護橋、護路人員。鎮旁有一座一千多米的長橋橫跨沱沱河，這就是長江第一橋。另外在上游約一公里處新建了一座鐵路大橋和火車站。此處為一般人所能到達的「長江之源」。雖然這裏距位於各拉丹冬南側的薑根迪如雪山冰川的沱沱河源頭還有兩百多公里，但這一段均為荒無人煙、沒有可行道路的河床、沼澤，非常人可到。

　　在沱沱河的北岸立了一個大石碑，上刻「長江源」。我們在那裏拍照留念。沱沱河在此水勢已相當盛大，但水深有限，為辮子流的河道。放眼遙望上游，只見大河、原野蒼茫，壯觀無比，令我不禁想到幾週前，猶在上海浦東眺望長江入海，如今萬里迢迢到此，深感「長江源遠流長」非徒具虛名也！

　　我們在河南岸的兵站過了一夜。這裏的年輕人都是十八九到二十多歲，大多在這已待了兩、三年，個個都爭著與我們話家常，幫我們提行李、備氧氣。他們在荒無人煙之地培養出與城市青年截然不同的純樸氣質。這裏海拔約4600米，那一夜我們四人都不太舒服，難以成眠。用了氧氣罐，有些幫助，但上樓或提東西非常吃力。事實上這兩天旅途中，在車裏及偶爾下車走走，空曠風大，都還不覺難受，但停留下來過夜，就深深感到「高山反應」的滋味。這裏空氣中的含氧量只有海平面的百分之60以下，一般人都會感到不適，但那些兵站的年輕人個個健步如飛，早晚出操，還打籃球。這一方面是年輕，另外待久了，也適應了。

歸途

第三天一早，我們踏上回途，當夜在格爾木過夜，次晚回到敦煌，隔日返回北京。

這次長江源之行令我領略了青藏高原──大漠、雪山、沼澤、長河的綺麗風光，也深深感覺到長江源遠流長，浩瀚雄偉，孕育了我國的文明與子民。

（原載於《美南週刊》，2011年1月9日）

動物之天堂——肯雅

　　人類不斷地殺戮，動物紛紛絕跡，但世界上卻有一個地方是動物的天堂，牠們在那裏自由自在，沒人追殺，這就是非洲的肯雅（Kenya）。一直想去看看那裏的動物之鄉，於是在初秋之際與老妻參加了一個短期的觀獸旅行（Safari），由休士頓飛了15小時到達迪拜（Dubai），遊覽了幾天後搭機飛往肯雅。經過五小時的飛行，降落在首府Nairobi機場。

Nairobi遇險

　　Nairobi位於赤道附近，但因海拔約1700米，十月初白天的氣溫約為攝氏二十多度，晚間則只有十幾度，十分涼爽。只是飛機場內沒有空調，也沒有通風設施，令人感到悶熱難受。

　　出了機場，我們一團共九個人分乘兩輛車去一個度假村。正逢下午交通擁擠時刻，經過城中心，一路走走停停。Nairobi人口為400萬，有一些高樓，也有一些豪華的富人區，但整個城市不太現代化。當我們車子因塞車停下來時遭遇了一場搶劫，兩個搶犯聯手，一人敲打我們車子的左側，轉移大家注意，另一人由右側伸手進車搶走了車裏一位女士的相機，使大家驚駭萬分。

　　花了三小時，總算到了度假村，這裏有許多花草樹木，環境幽雅。導遊講解了這幾天的行程，大家晚餐、休息。

清秀怡人的田園風光

第二天一早，我們就出發上路。清晨時分令人感到微寒。Nairobi沒有分道（Divided）的高速公路，但主要公路還保養得不錯。沿途到處綠油油，與我們來前所想像的非洲總是炎熱、乾燥大不相同。導遊告訴我們，肯雅陽光充足、雨量豐富、溫度適中，宜於耕作。農業為國家最大經濟來源，盛產小麥、玉米、高粱、甘蔗、木薯，另外水果、蔬菜及鮮花也都大量出口。一路上見到各種各樣的農作物及果樹，肯雅的田園風光清秀怡人。

我們進入山區盤旋一陣，在山腰邊海拔高達2140米的一個商店停車休息。在此眺望山下的原野，遠處的山巒遙遙在望，令人心曠神怡。這裏屬於Great Rift Valley，乃是地殼運動張開的一條由北到南長達六千公里的縱谷地帶。原野上一望無際的草原與森林，無怪乎是動物的樂園。商店裏擺滿各式各樣的紀念品，許多是當地的木雕，非常有特色。令我想到畢卡索的作品中，很多都是從非洲雕塑得到靈感而創造出他的立體風格。有趣的乃是當地人不懂得薄利多銷的道理，大多商品都要價驚人，使得旅客大多望之生畏。特別美國人喜歡精打細算，習於左挑右選，買的自然不多了。

離開山腰的商店，下山抵達Narok小鎮，我們停車加油。鎮上人氣極旺，街道上擠得滿滿的，各種各樣的小攤販賣著形形色色的貨物。許多貨物是由灰色的小驢拉車運送，這些小驢的確可愛，也是肯雅的一大特色。

長頸鹿每天只睡35分鐘

　　近晚時分我們抵達Kigio營區。這裏草木叢生，我們首先見到一群特別而快絕種的長頸鹿。個個都有四五米高，連出生的嬰兒都近兩米。導遊說牠們每天只睡35分鐘，日夜大多時間都在找樹上的嫩芽吃，可謂工作狂（workaholic）。又見到成群的鹿，此地青草茂盛、四季溫和、沒有冰雪，牠們暖飽不愁，怡然自樂。黃昏時分，有些寒意，導遊發給我們每人一件紅格床單似的披風，他說這是本地人的禦寒衣著。我們學當地人的模樣披上，還真感到十分暖和。他帶我們在樹叢中漫步，向我們解釋不同的樹木以及肯雅人如何善加利用，做成治各種病的藥物。

　　我們住在一條小溪旁的木屋（Cabin）裏，空間極大，設備齊全。因為肯雅的蚊子很厲害，容易傳染瘧疾（Malaria），我們此行前後一段日子都服了防瘧疾的藥物，在此地夜間睡覺也用蚊帳。但也許營區的防蚊工作做得很好，在那沒有見到任何蚊子。

　　在此有許多動物夜間才出來活動。我們原有一項夜間駕車觀看動物的安排（Night Game Drive），只惜前兩天下雨太多，來時車子陷在泥裏一陣，到晚間大家也就沒敢乘車出遊了。只是在營區內拿著手電筒走了一圈。這裏晚間很冷，只有攝氏幾度。出外舉首見眾星及銀河，清晰無比。時時鳥鳴獸啼不斷，感覺到在此牠們才是大地之主，人類的確沒有權利捕殺、侵犯牠們。

　　次日我們離開Kigio營區，到Lake Naivasha遊賞，在草原上見到一些斑馬、鹿與牛羚。最難得的乃是我們乘船在湖上見到許多河馬，大大小小在水中玩耍。成長的河馬可達三噸重，但十分怕

羞，大多時間躲在水裏，偶爾到岸邊曬太陽。牠們不食肉，每天夜裏上岸去吃草，河馬真是一種很奇怪的動物。

前往Masai Mara動物保護區

在Lake Naivasha遊賞過後，我們上路去Masai Mara動物保護區（Game Reserve）。約三四小時後，近黃昏時分抵達一個營區。這個營區距動物保護區有二十多公里，營區裏面到處是猴子、鹿、鮮花，大樹滿園，寧靜幽雅。營區的食物做得十分可口。夜間住半固定式帳篷，裏面設備齊全，洗澡間、廁所都很好。進出帳篷都得用繩子栓好門，以防猴子跑進去。我們在那住了三個晚上，花了兩整天在動物保護區內倘佯，這是此旅的高潮，也是我一生看到最多動物的兩天。

我們一團九人分乘兩輛頂上敞開，以供在原野觀賞野獸的豐田越野中吉普（Toyota Land Cruiser）。我們車上有四個旅客，司機兼導遊——David對動物的習性及肯雅的地貌、風情、歷史瞭若指掌，我們跟他學了不少新知，非常愉快。

原始村落

首先我們去訪問了一個當地的村落，這個村落有十幾間簡陋的泥造小屋，非常原始化。小屋圍成一圈，形成一個院落。他們飼養了許多牛，白天將牛群放到四周的草原，晚間為了防禦野獸侵襲，則趕回院子裏。我們在村前停車，村裏的領導首先出來歡迎我們，收了我們每人30塊美金，可不便宜，但事後才知道的確是大開眼界，值回票價。這位頭面人物先自我介紹，說他現年21歲，「大學」（College）畢業，已經有四個老婆。他又說討老

婆不難，只要有15條牛就可以換一個老婆。他指著身旁的一位老傢伙，對我們說他有11個老婆。我們同車的一位中年婦人十分驚訝、佩服，趕緊要求與這老傢伙合影。我提醒她有希望得到15條牛，把她樂壞了。

村中天真可愛的孩子們都擠上來看我們，許多孩子背上都背著嬰兒弟妹。我們把帶來的糖果、餅乾、水果分給大家，有人還給他們一點零錢。只見地上到處是牛糞，這些孩子們滿臉蒼蠅。村領導告訴我們，蒼蠅表示吉祥，孩子臉上沒蒼蠅就不好了！他又告訴我們，他們一生只吃三種東西，乃是牛肉、牛奶及牛血，沒有蔬菜、水果及其他任何食品。我們到他們的小屋參觀，裏面狹小陰暗，當然沒有電，一切極端簡陋。但他們過得十分自得，看不出什麼煩惱，大多數人都活到八九十歲。我看他們個個精壯，但沒有胖子。他們的樂器有鼓，還有一種像簫一樣的管樂器。他們吹著、敲著、又唱著地表演了當地的舞蹈，主要就是立定跳躍，個個都跳得很高。無怪乎肯雅在世運會上表現很好，常得馬拉松冠軍。

最後我問村領導，肯雅的打獵法規如何？他告訴我肯雅自古以來從沒有人打獵，殺戮野獸會遭到天譴，自己飼養的牛群就會死光。聽他這樣一說，才瞭解到肯雅的確是全球難得的動物樂園，成千成萬的動物才能躲過人類的殘殺，繁衍至今。

似牛、似馬、又像羊的牛羚

離開村落，我們進入動物保護區，這是一個佔地1500平方公里的草原，遊客們乘坐大小不同的敞蓬車在原野四處尋找、觀賞動物，中午就在原野裏野餐。導遊David非常熟悉各種動物的

生活區域及習性，同時不斷用手機聯繫，我們得以迅速找到想看的動物，盡情觀賞。來肯雅之前，我心中一直有個問題，哪有那麼多的草木可供動物維生？到此見到一望無際的草原，才知這個問題是多餘的。原野上最多的是牛羚（又稱角馬、Wildebeest、Gnu），一種黑色似牛、似馬、又像羊的草食動物，成群集隊佈滿大地。其次是斑馬，常與牛羚混在一起。導遊告訴我們斑馬十分狡猾，牠們喜歡與牛羚作伴，每當獅、豹攻擊時，斑馬比牛羚逃得快，遭殃的總是牛羚。斑馬外觀整潔、美麗，斑紋圖形看起來個個一樣，就像複印的一樣。牠們的後腿很有力量，即使獅、豹也怕被牠們踢到。

到處看到各種膚色美麗的鹿、羚羊（Antelope）在原野奔跑、覓食。羚羊種類很多，大小不一，有的羚羊像鹿又像馬。史書上說秦代趙高「指鹿為馬」，也許當時被抓到的是隻羚羊，像鹿又似馬，把大家搞糊塗了。

獅子──原野之霸

所謂的五大（Big Five）乃是指象、獅、豹（Leopard）、水牛及犀牛五種體型較大的動物。象總是幾個成群的家庭一起活動，嬰兒跟隨母象，姍姍而行。象是長壽的動物，大多可活到八十、一百歲。獅子是草原上的霸王，長得的確神氣，在原野上誰都怕牠們。我們看到好幾個獅子的家庭，有公獅、母獅及嬰兒們。許多輛旅客車來到牠們身旁，牠們視若無睹，有的在仰天睡大覺，有的在漫步，還有的在凝視遠處的牛羚，琢磨牠們的下一頓大餐。

我們看到一隻獅子捕到、咬死一個牛羚，但放在身邊，沒動口。David說這隻獅子為了捕這隻牛羚，花了不少時間和精力，

現在太累了，休息一兩小時再好好大餐一頓。非洲水牛是獅子最喜歡的獵物。但水牛的角很厲害，牠總是和獅子搏鬥，往往將獅子頂傷，可見動物各有其生存的本事，而求生覓食也是必須奮鬥一番的。犀牛頭頂獨角、全身盔甲式的堅硬皮膚，誰見誰怕。這兩天我們不巧沒見到犀牛。David說歡迎我們下次再回來，肯定會見到犀牛。

豹三秒跑百米

豹（Leopard）和獵豹（Cheetah）都是豹類，但豹體型較小，是陸地上跑得最快的動物，全速可達每小時115公里，換句話說牠跑百米只要約三秒鐘。獵豹體型較大，膚色較深，有褐色的及黑色的。豹能爬樹，是草原上最兇猛的肉食動物，牠們連小獅、小象、小長頸鹿都不放過，往往都成為牠們攻擊捕食的犧牲品。我們見到一隻豹盯著幾隻斑馬，觀察良久，小心謹慎地匍匐前進，似乎要發動攻擊，十幾輛車的遊客都拭目以待。但大家等了一陣，這豹子卻躲在草叢中遲遲未動。David告訴我們，這豹子很精明，那幾個斑馬太大，牠擔心撲上去，挨斑馬一記後踢腿，可能把牠踢得骨斷體傷。而且斑馬太大，牠也吃不了，就只得再等隻小斑馬，或其他小的牛羚、羚羊或鹿才下手了。

長頸鹿雖然很高大，但並沒有被列為五大之一。我們在Masai Mara原野上又見到很多群與在Kigio見到的非同種的長頸鹿。長頸鹿看來老實憨厚。牠們真的是不停地在吃著樹梢的嫩葉。牠們跑起來飄飄然，非常好看。

鱷魚——水中之霸

我們走到一條河邊，見到許多河馬在河灘睡覺，大大小小擠在一堆。其旁還有幾隻大鱷魚。鱷魚是兇猛的水中之霸，牠力大無比，在水裏誰也鬥不過他。牛羚遷徙過河時，最怕碰到鱷魚。鱷魚連小河馬都吃。河灣之處，河水沖來不少牛羚的屍體，引來不少大禿鷹。我們在田野中還見到老鷹、野豬、狼、狐狸，土狼（hyena）及許多記不清其名的飛禽走獸。

千軍萬馬的大遷徙（Great Migration）

此旅最可貴的乃是見到了季節性的動物大遷移（Great Migration），在草原上成千上萬的牛羚、夾雜著一些斑馬前行。有的是整片成群地在移動，也有的是排成一字長隊漫步或奔跑，場面之大可謂千軍萬馬，非常壯觀。前幾年我與老妻去四川西部一望無際的草原，曾見到一幅紀念當年毛主席帶領紅軍長征過草原的巨型壁畫，氣勢磅礡。但因為那時毛主席手下僅有殘兵數千，與這次我在Masai Mara見到的動物大遷移相比，就大為遜色了。

David帶我們在原野上進入坦桑尼亞（Tanzania）。肯雅與坦桑尼亞兩國之界居然沒有任何天然及人工的屏障，只是在地上立了個石碑，指明一邊是肯雅，另一邊是坦桑尼亞。「過境」當然也就不需簽證或看護照了。

遷移主要是隨著季節到水草最充足的地區，也有少部分的動物佔據了好地盤，整年不需遷移，但大多數的牛羚、斑馬每年8到11月由南方的坦桑尼亞向北遷到肯雅南部的Masai Mara，

11月到次年4月向東南遷約兩百公里到坦桑尼亞，5到8月再向西北走。這樣周而復始，每年走一個大圈，鼎盛時約有50萬隻牛羚、斑馬在隊伍中。這是世界上動物界的一大奇觀，我們非常幸運能恭逢其盛，領略了動物求生奮鬥的壯舉。的確可謂不虛此行。

尾聲

不到西藏，不識雪山峻嶺；不去南極，不知千里冰封；不訪復活節島，不覺天涯海角；不來肯雅，不感動物可貴。動物和人一樣都是走不遍的天下之主人，願和平長在，牠們和人類都能世世代代繁衍不息。

綠野繽紛、釣魚天堂的阿拉斯加

阿拉斯加，北國風光，人們爭往觀賞其冰川雪景。事實上其夏日滿野青蔥、鮮花遍地、魚群奔游，是旅遊、休閒、釣魚的好時際。多年前我與老妻搭乘遊輪，未能北上內陸覽勝。2009年夏乃專程飛到Anchorage，領略了阿拉斯加的綠野繽紛及釣魚天堂。

原野青蔥野花遍地

我們抵達Anchorage已是下午十點多鐘，但天猶未暗。次日一早就搭上火車沿鐵路（Alaska Railroad）向北而行。這條鐵路是當年為了淘金而建，由南端的Seward經Anchorage通到Fairbanks。如今吸引了大量的觀光客。火車頂部與兩側是一個圓弧形的天窗，便於旅客向四方瞭望。

火車出了Anchorage，沿著海灣而行，一路鬱鬱蔥蔥，無邊無際。這裡植物的生長期很短，但夏日草木茂盛，杉樹遍山野。導遊告訴我們，因天寒地凍，Alaska的樹都是「不成材」之木，是以本州沒有「木材工業」。過一程，見兩旁遍地紅花（Fireweed），嬌豔奪目。寒帶花季短，卻真是「好花不常開」。

世界最小之鎮

沿途河溪均清澈潔淨，只是四處張望，少見人煙。經過一個「小鎮」，只有一戶人家。這一對夫婦從美國內陸而來，離群索居於此，自得其樂，建立了這個Sherman City。在此養大了幾個

孩子，孩子成人後均已離去，兩個老人依然留此，還建了一個市政大廈（City Hall）。這個「小鎮」可謂世界最小之鎮。

Denali國家公園

　　一路怡人風光，不覺五小時，到了Denali國家公園。轉搭巴士到達公園內的旅舍（Resort Area），住木造的簡易屋（Cabin）。這裡的房舍整齊有序，分成好幾區。夏日來觀光的旅客非常多。白日陽光普照，令人有仲夏之感，但到了夜晚，溫度急速降到華氏40度左右。清晨早起出外散步，空氣涼爽、清新。

愛斯基摩狗

　　公園裡有一處馴狗園，飼養了許多愛斯基摩狗（Husky）。這種狗是愛斯基摩人的忠實夥伴，也是當年淘金及開發阿拉斯加的「功臣」。牠們是在漫長的冬季拖雪橇的動物，如今在嚴冬之際猶為公園巡邏救急所不可缺。我們參觀了這個馴狗園，見到幾十隻愛斯基摩狗，還看了它們表演，的確個個機靈無比。

　　公園裡到處都是森林、清溪、草原與遠處的雪山。這附近的雪山都很美麗壯觀。但這兩天雲霧很濃，我們一直沒能見到幾十英里外的美國最高峰——麥坎利山（Mt. McKinley）。導遊說到了秋冬，天氣比較晴朗，在此大多時間可遠眺麥坎利山，而夜間亦可見到美麗神妙的極光。

小鎮事多

　　我們參加了一個團，乘車沿途盡是森林，只見到一兩小村。一個多小時後到達Talkeetna鎮。這個小鎮是當年開荒的一個據

點。現整個鎮只有幾百居民,其中居然有一位是近年由廣西南寧遷居來此的女士。她從天南來地北、炎熱轉地凍,所更非淺,卻怡然自樂。

這裡是前往登雪山的基地,鎮上有專門機構與專人主管登山事項,並展覽了許多雪山相片及登山險景。見到許多賣皮貨、小手工藝品等紀念品的商店,家家門外掛滿鮮花。有幾家安排旅客釣魚的行號。還有幾家餐館擠滿遊客。

這個小鎮雖規模不大,卻有種種的情趣。這也是阿拉斯加的特色之一。

大河上下芳草萋萋

我們搭上一個小艇,沿著一條大河而上,兩岸芳草萋萋,了無人煙。在河上遠遠看到一個小舟。導遊告訴我們這船主是一個單身漢,整年不論仲夏、嚴冬均在此一帶泛舟獨處,打獵、捕魚自樂。他的生活比隱士還要灑脫。

我們逆江而上,到了一個支流匯口。導遊說每年到一定季節,三文魚由大海回游到此產卵、歸終。這些三文魚生於此,長於此,然後向大海游去,最後落葉歸根,又回此處。它們到底怎麼認得回家的路?這的確令人難以理解。

我們登岸去參觀一所早年拓荒者的營地。導遊帶上槍以防突擊的大熊。我們見到幾間簡陋的木房,牲口的飼房,以及打獵、捕魚、生活必需的工具。當年交通不便,來此冰天雪地之地過冬,實非常人所能。但與世隔絕,的確能領略到大自然之神妙。

登冰川如履薄冰

回到Denali國家公園，我們搭巴士返回Anchorage。租了輛車沿海岸南行。離路邊不遠有一個冰川。當天天氣不太好，略有小雨，但遊客還是不少。眾人步行約二十餘分鐘，見到山下的冰川延伸到山巔，一望無際。冰川出口為一溪流，溶冰濤濤不絕地流向大海。在冰川上流穿一個拱門，十分別致。見到許多孩子在冰川上奔跑，十分開心。我們也走上冰川，才知道其上冰滑難行，特別是走下坡路，令我們誠惶誠恐，如履薄冰，深怕滑倒摔傷筋骨。最後索性坐下滑坡而下。

漁港風情

Seward和Homer兩個漁港分別位於Kenai半島的東、西兩端，均為漁港，也是度假的地方。每當夏日總是遊客不斷。我們先到Seward，這裡是一個小型城市，海港邊有許多餐館。我們嚐了當地的Halibut，十分可口。乘船去觀賞Kenai Fjords國家公園的冰川，見到冰川由雪山而下，滿眼潔白，天海蒼藍，遠處叢林、清溪，景色壯麗。

我們又去Homer住了兩夜。Homer較Seward為大，城從山腰一直延伸到一條很長的半島上。我們先開車到北面山坡上瞭望整個城市、海灣，及對海連綿不斷的雪山、冰川。又去參觀了一個展覽阿拉斯加自然風光的博物館，最後到半島去遊覽。這個半島是一個很長的海角（Cape），其上有許多商店及出海釣魚的小港。看到很多人在海濱垂釣，怡然自樂。

來自世界最冷之地的人

海灘上有很多人在露營。雖是夏日，但黃昏之際氣溫不到華氏40度，令我感到寒風刺骨。見到一對愛斯基摩夫婦，正在海邊紮營點火。他們只穿著單薄衣服，見到我非常高興，說我是他們的親戚，因為他們和中國人同屬蒙古種，祖先由北亞遷此。我好奇地問他們穿那麼少，怎麼不怕冷？他們對我說他們家在阿拉斯加最北端的Prudhoe Bay。那裡冬天漫長，氣溫往往降到華氏零下80度，還經常刮著大風。但他們出外打獵，滑冰，戶外活動不斷。他們與常人很不相同，不怕冷，很怕熱。這幾天到這阿拉斯加南部來度假，白天有六七十度，晚上也近四十度，可把他們熱壞了！這對夫婦是我一生遇過的來自世界最冷之處的人。

阿拉斯加是釣魚的天堂

阿拉斯加地處寒帶，海灣曲折、河流交錯、湖泊滿佈，加之地廣人稀，是世界上釣魚最好的地方之一。總共有436種魚，其中有384種海魚（Saltwater），52種河魚（Freshwater）或回游河水產卵的魚（Anadromous）。最主要的幾種魚是鱒魚（Trout），三文魚（Salmon），Halibut, Rockfishes, Greenlings等等。

我非釣魚老手，只是頗有興趣。友人多次邀請我同去阿拉斯加西北紮營，釣Rainbow Trout，均未能成行。此次旅途中駕車經過幾處溪流，見到許多人站在水中Fly Fishing，釣Trout或回流的Salmon，也見到許多駕小船倘佯河上的垂釣者，風味十足。我本計畫去釣一次Halibut，在Seward已訂好了一個船位。但前一天船商來電話通知，天氣預測次日外海風浪過大，不能出航。但內海

釣Salmon可以成行，於是我就改釣Salmon。

阿拉斯加的Salmon共有五種：Coho（Silver），Sockeye（Red），Chum（Dog），Pink（Humpback, Humpy）及Chinook（King）。Salmon是在河溪上游產卵，但大多生活過程在大海中。最後回游到出生地產卵、死亡。我們開車去Seward的路上經過一個河的出海口，見到水中站滿了釣魚的人，這時肯定是Salmon回游季節。

一大早我就趕到漁港碼頭登船。那艘船可載八個釣魚客及兩個駕船及導遊的人。我們在海上航行了一個小時，到達幾個小島旁。那裡已有二十多艘小艇，都是載著釣魚客。顯然這是個好地方。導遊停船下錨，魚竿都替大家準備好了，魚餌是用整條約四五英寸長的鯡魚（Herring）。海上風浪不小，非常冷，船搖晃得很凶，所幸我已在耳後貼了暈船藥，沒有暈船。

沒多久，同船的有兩個人釣到了魚。但大多數包括我等了約十分鐘還沒動靜。導遊乃起錨另找地方。同時他告訴我，那裡水深約200英尺，我剛才把線放得太深了。應該只放到約30英尺，那裡是Salmon最活躍的深度。約十分鐘，導遊又停船下錨。我遵照他的指導，放了30來英尺的線，立刻就有魚上鉤。看樣子還不小，拉得我滿費勁的。出水後導遊用長鉤子拉上船，一看足足有兩英尺多長。接著每個人都有收穫、頻頻上鉤，導遊忙著替大家拉魚上船，去鉤換餌。他們手快腳快，技術純熟，而對這一帶海域中魚的動向瞭若指掌。我一連釣了六條大魚，達到了法定許可的個人、單日釣Salmon的最大極限，就停竿休息了。不到一小時全船八位釣魚客都滿載了。原來計畫一天的旅程，不到正午就圓滿結束。

回航中導遊替大家處理魚。老美個個都要魚片（Fillet），一條魚大半都丟掉，十分可惜。我只請他們刮鱗去腸，留了全魚。登岸後找到一家冷凍魚的商行，把魚冷凍並放在真空塑膠袋中。隔日取出，用報紙包裹，放在行李箱裡，一部分托運，一部分直接手提。二十四小時後回到炎熱的德州，猶是冰凍堅實。這些阿拉斯加的Salmon沒有魚腥味，美味非其他地方的Salmon可比。

次日我在Homer海邊見到一船出海釣Halibut的旅客滿載而回，個個都釣到幾十磅的Halibut，也有許多小的Flounder。這兩種魚都是在海底生活，兩眼在一面，魚身是一面白，一面青灰。釣Halibut用的鉛錘其大無比。

Homer有很多家出海釣魚的商家，各式各樣的廣告，主要是釣Salmon、Halibut、Rockfishes，還有Greenlings。大多是一整天的行程，偶爾也有半天的，很多家都說保證釣到大魚。我們在Talkeetna小鎮及駕車沿路都見到許多到河溪釣魚的商家，主要是釣Trout，也有Salmon。可見阿拉斯加真不愧為釣魚的天堂。

尾聲

幾天愉快的旅途結束，我們返回Anchorage，帶著滿載的大Salmon飛回家。阿拉斯加的冰川、雪山、碧海美麗壯觀，而它夏日的綠野綠葉繽紛，釣魚天堂更令我難忘！

▍尋訪被遺忘的西夏王陵

　　在寧夏，首屈一指的名勝古跡，當屬有「東方金字塔」之稱的西夏歷代國君安息之地──西夏王陵。西夏是中國歷史上由少數民族──黨項所建立的王朝，歷時約兩百年，曾先與北宋、遼，後與南宋、金鼎足三分天下，為中華民族的融合、發展作出了貢獻。但西夏史跡、文化被蒙古人大量破壞，加之史籍殘缺，大多被遺忘。我久仰西夏王陵大名，遂與老妻飛往銀川。

銀川西夏王陵

　　我們抵達旅店後立即包乘一輛計程車，穿過市區，車行約40分鐘，到了西夏王陵。見陵區前新建了一個博物館和一個蠟像館，售票員說今天可減價20元。一陣高興，才知道因為停電，博物館沒法看了，蠟像館因大部分靠窗，還可將就著參觀。館內主要是陳列西夏的歷史，清晰有序，一目了然，令我學習了不少西夏舊事。

黨項族創建西夏

　　西夏是黨項族創建。黨項為羌族的一支，最初以畜牧為業，生活在四川、青海、西藏河西九曲交界之處，後遷到川、藏之間的岷山地區。曾被北方鮮卑移民建立的吐谷渾統治，並吸收、融合了鮮卑人的文化與血緣。黨項部落中以拓跋氏最為強大，在南北朝末期他們逐漸繁榮壯大，慢慢擺脫了吐谷渾的統治。

　　唐朝初年，雄才大略的吐蕃領袖松贊幹布崛起於西藏，逐步擴大勢力，黨項族被迫歸順唐朝並要求遷往甘肅一帶。安史之亂後，朔方節度使郭子儀將黨項拓跋氏遷到夏州（今陝北橫山）。唐末，黨項族助唐滅黃巢，事後唐封拓跋思恭為節度使、夏國公，賜「李」姓。

　　到了宋代，宋太宗趙匡義利用黨項內部矛盾，迫使黨項貴族李繼捧交出兵權，其中有部分黨項人內遷汴梁。當時（982年）李繼捧的族弟李繼遷不願歸順宋朝，鼓動黨項人奪回夏州。他歸順於遼，與宋爭鬥多年，最後佔領靈州（今靈武）建都。次年底，李繼遷死，其子李德明繼位。其人雄才大略，聯合遼、宋，打擊吐蕃、回鶻，擴大疆域，佔領河西走廊，並遷都興州（今銀川東），修中興城。這時，他稱帝的條件已經成熟，但突然死去。其子李元昊繼位稱帝（1038年），去李姓，改用黨項寬名姓，國號「大夏」，定都興州，改名為興慶。

　　李元昊是一個頗有作為的君主，他改良了西夏傳統服飾，仿漢字，結合黨項語言，創造了西夏文字。在他統治期間，西夏國力增強，疆土擴張，在三川口（今陝西安塞）大敗宋軍，與北宋、遼形成三國鼎立局勢。在他之後又傳了九個皇帝，其中乾順、仁孝兩朝共有109年，遵行儒學，開科取士，接受漢化，推崇佛教，西夏政治文教達到了一個高峰。

　　夏、北宋、遼鼎立到了乾順當政時起了變化。當時女真人在東北崛起，1124年金滅遼。1127年金聯西夏滅北宋。夏與金、南宋再成三國鼎立之勢。

成吉思汗遺令屠西夏

約80年後，蒙古鐵木真在漠北興起，統一蒙古各部，號「成吉思汗」。1205至1227年的22年間，蒙古六次攻夏，其間夏曾聯金抗蒙，但終敵不過蒙古的強大鐵騎。成吉思汗西征歸來後，於1226年最後一次攻夏，長驅直入，屠靈州。1227年，蒙古軍包圍中興（今銀川）約半年，夏求降。七月，成吉思汗駐軍六盤山，病重，臨死前留下遺囑：「死後暫不發喪，待夏主來降時，將他與中興城內所有軍民全部殺光。」八月，夏末帝睍降，前往蒙古軍營欲晉見成吉思汗，遂遇害。蒙古軍進入中興，將西夏宮廷殿堂付之一炬，城中軍民多遭屠殺，所剩僅為十之一、二。從此歷時189年，曾在中國歷史上威震一方的西夏王朝化為灰燼。僅在賀蘭山東麓平原地區留下了許多高大的土築陵台——西夏王陵遺址。多少年過去了，正如金字塔一樣，它們仍默默地屹立在風雨之中，向人們述說著那久遠的繁盛景象。

那麼，寧夏這個名字又是怎麼來的呢？原來蒙古統一中國後於西元1288年將這原西夏中興府及附近轄區命名為「寧夏」，意為「平寧西夏」。如今又有誰想過這個名字的背後依附著多少亡國者的幽魂，以及勝利者對失敗者的雄視與傲慢呢？蒙古人征戰多年，鐵蹄橫掃了歐亞大陸，所向披靡，許多國家滅亡，人民淪為奴隸，經濟、社會都遭受沉重的破壞。而成吉思汗雖威風一時，但重武力、輕政治，以至元代未能在中國立國長久，缺少文化建樹。無怪乎毛澤東說他是「只識彎弓射大鵰」。

西夏亡後，其貴族和百姓多被蒙古人屠殺，但一個民族是不可能被完全消亡的，它只會慢慢銷聲匿跡。據考證，黨項族一部

分投降了元朝，一部分投降了金朝，當今河南濮陽就有西夏遺民後裔數千人，也有相當一部分西夏人留在西夏故土，逐漸融合到漢、蒙和藏族中。還有一部分不願投降的黨項人南下回到他們老祖宗的發祥地，山明水秀的四川甘孜州的本雅地區。如今在這一地方，還留有西夏許多遺跡和古俗。

西夏對中華民族的融合功不可沒

西夏的文化大多被蒙古摧毀，後元代編史時也沒將西夏史與宋史、遼史、金史並列入史冊中。明、清、民國因受「正統」思想所限，西夏的文化及歷史也一直未能受到應有的重視。事實上西夏先與遼、北宋，後與金、南宋鼎立長達近兩百年，在中國歷史上有其劃時代的意義。西夏之前，雖也曾有「五胡亂華」及「南北朝對峙」，但基本上中國的政治是以漢族為正統主導，而在文化及疆域上也以中原為重心。西夏近兩百年的鼎立，打破了這個以漢族及中原為主的形勢。鼎立的競爭，融合及相對的穩定，促進了生產力和文化的發展。當時中華民族的總人口也因之突破了一億大關。充滿勇猛幹勁的少數民族與富於睿智的漢族的融合給中華民族注入了新生力量，是以後來產生了以蒙古族為首的元，以漢族為首的明，以及以滿族為首的清三個疆域遼闊的東亞大一統的帝國，西夏對中華民族的融合成長是功不可沒的。

王陵如塔林立星羅棋佈

出了蠟像館步行前往陵區，日照逼人，才領會到寧夏乃是全國平均日照最長，降雨最少的地區之一。老妻已打起了洋傘蹣跚而行。整個陵區約有40多平方公里，排列著9座帝王陵墓和208座

陪葬墓。一座座用黃土壘築的陵台，歷盡滄桑，有如一座座小山丘，在賀蘭山下連綿延伸開來，在陽光映照下，金光燦爛。

在現存的九座帝陵中，其中保存最完整的是「昊王墳」，也就是開國之君李元昊的泰陵。這是大多數遊客參觀的一個主要景點。我們進入陵區後，自南向北，慢慢地走過整個陵區。整座王陵坐北朝南，從南到北由角台、闕台、碑林、外城、月城，內城、獻殿組成。外城、月城與內城周圍都建有圍牆。建時多用熟土堆積，原本外罩磚瓦，經年失修，多已風化脫落。陵園中最主要的地面建築是高大突兀的圓拱形陵台，如同麥稭垛一般，外表的木石結構已經蕩然無存，只剩下高聳的土塚，宛如小山一般，在殘留的土堆上遍佈破磚碎瓦，陵台高約20米，呈八角形，分七級。遠望為一大土丘，推測原本為八角形，重簷樓角式的高塔。西夏史籍殘缺，王陵也有很多未解之謎，但近年來考證工作已有很大突破。

在元昊泰陵逗留了半個小時，真是炎熱逼人。這一帶十分乾燥，恐怕也是這些土堆得以保存至今的原因。環望四周，大小陵墓如塔林立，星羅棋佈，除了西北的賀蘭山高高聳立，形成一道巍然不動的天然屏障外，東、南面都是望不到邊際的原野，頗有一種大漠蒼茫的情調，也表現出中國傳統風水氣勢，與明十三陵，清東陵有異曲同工之妙。

明代安塞王朱秩炅曾遊歷於此，留下《古塚謠》一詩：「賀蘭山下古塚稠，……云是昔時王與侯，當年拓地廣千里，舞榭歌樓竟華侈，豈知瞑目都成夢……。」多少樓臺往事都化為灰燼。

烈日當空，乾燥無比。從泰陵走回停車場約半公里的距離，令我熱得難受。忽見一些小學生，個個身穿長袖夾克，才知道此

地人只怕曬，不怕熱。我因體型較大，怕熱，不怕曬。見老妻打
著洋傘，喝著冷飲，眉頭緊皺，她是既怕熱又怕曬。

歸途

　　歸途省思，我此行學習到不僅是西夏舊事，也深深體會到少
數民族為中華民族的融合發展做出的貢獻是不可忽視的。卻感嘆
蒙古人屠殺，破壞，使得史籍殘缺。我願後人能尋回這被遺忘的
輝煌。

蜀南竹海翠秀甲天下

名山峻嶺去過很多，卻是少見滿山遍野盡為竹林的山巒。久聞蜀南竹海佔地遼闊，翠秀甲天下。春筍新出之際，我與友人組團前去竹海觀賞勝景。

前往蜀南竹海

由成都乘大巴士約三小時到了金沙江與岷江交匯的宜賓。過了兩座橋，在江南行約一小時到達長寧縣城。我們沿著碧綠的清江（長寧河），不久就見到一個別致的竹造大門，上面寫著「蜀南竹海」四個大字。正值春季，遊客眾多，非常熱鬧。車子進入竹海內，午餐後隨導遊遊覽。

導遊首先告訴我們，蜀南竹海是中國最大的竹林區，共佔地120平方公里。其中44平方公里已開發為竹海遊覽景區，翠秀連山，故有「竹海歸來不看山」之稱。

竹海博物館

我們先去參觀竹海博物館，是一個建在溪水之上的樓宇。裏面有一個百竹圖，陳列了各種竹類標本。展廳內介紹蜀南竹海各種竹子的分類，蜀南竹海共生長了15屬58種竹樹，最多的是楠竹。楠竹又稱氣竹，是中國竹種中生長最快、材質最好、用途最多、經濟價值最高的竹種。楠竹生長的非常快，高達20米的楠竹只需60天即可長成。其他有黃竹、水竹、慈竹、牛兒竹等。博物

館內展示了蜀南竹海特有的許多珍稀竹類：墨竹、人面竹、羅漢竹、苦竹、斑竹、觀音竹、鳳尾竹、花竹、石竹、錦竹及雞爪竹等，豐態萬千。

館內還陳列了古今竹子的應用及有關文化、工藝品，有一個全部用竹子佈置的會議室，謂之「君子風采館」。室外的庭院有一個竹造的小吊橋，引起許多年輕人的興趣，大家都上去搖搖晃晃地走過這別致的小橋。

墨溪煙霧風韻

出了博物館，我們沿著蒼翠幽雅的林中小徑漫步，越過幾座小溪流水上的小竹橋，見到一個門樓，上書「墨溪」二字。據導遊稱宋代詩人黃庭堅發配至此，歡遊竹海，留下許多字跡。我們在竹林中漫步，偶見幾個瀑布，有單垂而下的，也有多層分落的。走過一個兩邊為山岩的棧道，見到一處「三泉坊」。再沿石階而上，看到一個高約七八十米的大瀑布由山崖上一瀉而下，水落煙霧籠罩之中有一塊大石，形如龍頭，得名「煙雨龍岩」。在此耳聽山泉瀑布，感到周身雨霧清涼。回望重疊山巒，翠秀竹海，曲折幽徑，這正是蜀南竹海最特有的自然風韻。

忘憂谷令人忘卻塵世紛煩

遊覽完墨溪後，我們乘車去忘憂谷。在進口的大門旁見到題字：「萬竿翠竹掃去滾滾紅塵，一溪清流奏出涼涼韶音。」寫盡遊竹海而忘憂的境界。進入谷門，見到許多鄉人擺攤賣竹貨，有竹筷、竹椅、竹雕、竹手袋等，琳瑯滿目。四周建有竹亭、竹樓、竹橋、竹廊，佈置得諧和幽雅。小徑曲折，竹影叢叢，陽光

穿越竹隙，灑下點點金光。見一巨石橫立於山岩之上，其下溪水流過，故名「天生橋」。走至山谷盡頭，又見一瀑布由山丘竹林中瀉下，正值陽光斜照，現出一道彩虹，增添深谷韻味。忘憂谷使人忘卻塵世紛煩喧囂，留連忘返。

靠竹吃竹

遊完幾處，天已晚，我們到賓館休息。晚餐十分別致，有竹筍、竹蓀、竹膽、竹筒飯、竹雞、竹海臘肉等等。用的是竹筷、竹桌子、坐的是竹椅。靠山吃山、靠水吃水，竹海靠著竹，當然是吃竹了。

晚餐後走到旅社前的一條小街，有許多商店。鄉民做的許多藝術品，竹雕、竹手提袋等等。特別有一種用竹根雕刻的壽星人像，非常逼真奇特。我買了好幾個，在小街逗留許久才返旅社休息。

翡翠長廊雨後春筍

次晨一早我們先去「翡翠長廊」。這是一個紅砂岩鋪成的小道，穿行於竹林之中。我們漫步其中，舉首四望高聳竹林，幽深秀麗。旭日初升，竹葉間灑下縷縷金光，長廊與竹林點點斑爛。這裏是攝影的好地方。

我們在長廊邊見到一些新筍，已有兩三米高。這些楠竹一天就可長一英尺，三天長一米。古語曰：「雨後春筍」，到了竹海才體會到這句話形容成長茂盛，真是淋漓意盡。

觀海樓望竹海氣勢蓬勃

走完翡翠長廊，來到海拔880米的大水塘山頂。這裏是蜀南竹海的最高峰。我們登上一座六角形的高塔——觀海樓，但見山巒起伏，青蔥翠竹滿目，迎風蕩漾，似海浪波濤，綺麗澎湃。遠處稀疏人家，炊煙裊裊，若隱若現。到此始知蜀南竹海氣勢磅礴、景色不凡。

海中海與仙女湖幽雅綺麗

在竹海山巒與叢林中有幾個小湖，稱為海中海、仙女湖及青龍湖。這些湖泊與青山翠竹襯影成一副幽雅綺麗的湖光山色。我們去仙女湖乘竹筏，蕩舟湖上，見到許多青年學生擊水遊戲，興高采烈。

天然岩腔古寨浮雕

竹海的山岩中有許多洞穴及天然岩腔，其中天寶洞長約1.5公里，為一高20米、寬10米的岩腔。我們隨著很多遊客走進天寶洞。舉首是高嶺懸崖，下望是千仞峭壁。其前為萬波翠竹。據說天寶洞原為自然岩腔，清末同治年間，太平天國石達開大軍入川，經過竹海。清朝地方政府為防禦太平軍，在此建立守寨，是以得名。民國初年匪盜為患，地方豪紳亦遷此暫住。

我們沿著山壁上的岩腔而行，感到此處的確是一夫當關，萬夫莫敵的險要。近年來在山壁雕刻了巨幅的「三十六計」浮雕，描述了許多有名的歷史故事。雕刻的藝術作工水準很高，增添了竹海的人文氣氛。另外在竹海區也有一個「石達開橋」，據說是

當年太平軍渡溪水時用一塊很大的石柱搭成小橋，人們留下這塊大石以為紀念。

仙宮洞也是沿岩腔建成的廟宇。始建於宋代，供奉佛、道，有觀音殿、大雄寶殿、小雄寶殿、玉皇殿、老君殿等等，規模不小。我們登此眺望，鳥瞰百里田園景色，青綠翠野，碧浪天際。此處遺世獨立，的確是修行養性的好地方。

掛牓岩洞穴群與天寶寨相似，也是山岩懸崖上的一組岩洞，其中有水簾洞，位於山頂瀑布之下。另外還有蛟龍洞、桃源洞，均有浮雕及古寨遺跡。

尾聲

遊覽過岩洞後，我們結束了兩天的蜀南竹海之旅，踏上歸路。蜀南竹海翠秀甲天下，竹林、瀑布、溪水、湖泊、岩腔、寺廟交織成清幽翠秀的奇景。喜好旅遊的人們應該到那裏去領略造物者之神妙，並體驗竹文化的多彩多姿。

（原載於《世界周刊》，1451期，2012年1月8-14日）

加拿大東海岸風光

　　初夏與老妻前往紐約，參加台大校友會的年度聚會。到曼哈頓的碼頭登上一艘大型遊輪，見到前一年在休斯頓遇著的許多老校友，十分親切。船從Hudson河緩緩駛向大海。回望紐約，正值雨後，彩虹襯著聳立高樓，十分壯觀。少頃，進入大海，天色漸黯。

　　遊輪上活動很多，表演，賭錢，不斷的餐點。與校友們相聚歡談，同學會也舉辦了幾個演講，節目十分豐富精彩。

St. John是「反動派」的據點

　　次晨早起，在甲板上散步，海風強勁，與兩月前在加勒比海遊輪上的天氣大相逕庭，雖已初夏，穿了好幾件衣服，猶覺寒氣襲人。清晨遙見加拿大New Brunswick海岸。這裏與美國東北角的Maine州接鄰，海岸人煙稀少，岩石秀麗，林木茂盛。船緩緩駛入謐靜的海灣，不久就停泊在St. John港口。

　　我們一行幾人下船後，步行到市中心逛逛，搭上一輛遊覽車參觀了整個市區及近郊。St. John城不大，始建於1783年。美國獨立後，約有兩千人的保皇黨由波士頓等地避難遷此。後又有不少不願跟隨美國政府的人來此定居。如果以現代中國的術語，St. John就是「反動派」建立的據點。我們參觀了當年難民登陸所在的紀念碑，早期的房舍及墓地。當地導遊很自豪的告訴我們，教堂頂上的裝飾乃是當年難民從波士頓偷來的。

　　小城雖小，故事卻真不少。有許多地方，仍保持原狀，彷

彿回到兩三百年前的光景。但新的工業區也不少，有造紙廠，煉油廠，及其他能源公司等等。這裏也是加拿大東海岸的一個重要港口。走上山坡，見到一種藍色的野花，很像德克薩斯的州花——Bluebonnet，燦爛奪目，但花形大些。

世界最大的潮汐

St. John最有名的是號稱世界最大的潮汐。九十公里外的Hopewell有秀麗奇特的崖岩。退潮時，人們可走到海灘觀賞被侵蝕的菌狀岩石。但漲潮時，海灘及岩石都被淹沒。每天高低潮的落差高達四十多英尺。因時間有限，我們沒能去Hopewell。但在St. John城邊，St. John河由內湖經過一個名為Reversing Falls的狹口流向海灣。在那河邊的Irving Nature Park是觀潮的好地方。我們於上午低潮時到那停留了半個小時。只見河中有幾個小島，對岸有一個很大的造紙工廠，河水正由內湖向外急速瀉出。下午，我們與幾位朋友又搭車回到公園。此時正值漲潮，景色與早上大不相同，只見浪濤滾滾，海水正由外海向內湖湧進。特別是在幾個小島四周，水勢洶湧，驚濤拍岸，十分壯觀。見到成千的飛鳥，或在空中盤旋，或在水面隨波逐流，尋覓被海潮帶來的魚群。想來這裏必是垂釣的好地方，可惜我們行程匆匆，無法久作逗留，只好依依不捨地回到船上，黃昏再度啟碇駛向大海。

Halifax是「反革命份子」的老巢

次晨早起，甲板上寒風逼人，晨曦中見到Nova Scotia海岸景色。與New Brunswick十分相似，海岩，叢林與大海相映，這裏人煙稀少，天氣清寒，景色靜謐優美。不久駛進Halifax港口。

我們早上隨團遊覽了市區。Nova Scotia是加拿大東北角的一個半島，但幾乎是四面臨海，位於Newfoundland之西南。Halifax為其最大的城市與港口，這個城比St. John大些。最早的殖民始於十八世紀中期，後成為英國海軍重鎮。導遊告訴我們當年北美有十四個殖民地，十三個都跟著老美獨立了，他們沒趕上，否則今天也是美國的一州了。事實上當時這裏是英軍的大本營，鎮壓波士頓美國獨立軍的英軍都是從這裏去的。所以如果說St. John是當年「反動派」的避難所，那麼Halifax就是「反革命份子」的老巢。整個城市沿海而建，市中心坡度很大，有很多歷史古跡，很值得一遊。

我們參觀了當年英軍的古堡，那時英國佬在此練兵備戰，規模不小。城內也有許多現代的高樓大廈，港口曲折悠長，立了很多紀念標誌。港內海水清澈見底，海底生物歷歷可見。一些古色古香的帆船穿梭在海港中，紅藍相映，頗有風味。據導遊說Halifax附近煉油及其他工業都不少，這裏是加拿大東岸的重要工業中心和港口。

Peggy's Cove風光綺麗

下午我們隨隊去遠近馳名的Peggy's Cove遊覽。約一小時車程，一路見到加拿大北國的森林，湖泊與海景，鬱鬱蒼蒼，景色優美。Peggy's Cove位於Halifax正西海角，地基全是灰白色的花崗岩。在那有一個小小的村落，海邊屹立著一座白色的燈塔。海天、岩石，巨塔交織出一幅綺麗的風光。遊客們都爭著到燈塔邊的岩石去觀海、拍照。村裏有幾家賣具有當地特色紀念品的商店。村裏的居民多為漁民，漁船和漁具散滿海邊。有家海鮮店，

門口水槽裏放了一隻活生生，重十多磅，十一歲的老龍蝦，吸引了不少遊客。導遊說這裏的龍蝦名聞遐邇，但因時間有限，未能大快朵頤一番，實在遺憾。

導遊告訴我們Peggy's Cove的地名由來，有一個感人的故事。很久以前，附近發生一次海難。那艘船上的乘客全部罹難，只有一個名叫Peggy的少女被當地漁民搶救生還，後與救她的小伙子相戀，建立家園，留此度過一生。這個由悲劇始而以喜劇終的故事，給Peggy's Cove增添了幾許浪漫氣息。

Halifax災難重重

導遊又提到Halifax附近曾發生幾次大的災難。最近的是二十多年前有一架大型客機在附近海域空中爆炸失事，海面漂滿破碎殘物，無一人倖免。如今在Peggy's Cove附近的海邊建有一個紀念碑。

另外在第一次世界大戰時，一艘法國的滿載軍火的運輸艦在Halifax市內的航道上與另一艘船相撞，引起強烈爆炸，使得半個Halifax市區夷為平地，數千人死亡。大部份居民無家可歸，重建家園花了許多年。

更早也是舉世聞名的二十世紀最大的海難，鐵達尼號（Titanic）巨輪於1911年首航時，在大西洋北部距Halifax七百多海裏處，誤撞冰山遇難沉沒。Halifax為距離海難最近的港口，當時成為搶救基地，大多獲救的乘客都在此度過劫後餘生的一段日子，一百多位遇難者的屍體也都運此，並安葬在Halifax市區公墓。我們因時間所限，路過公墓時沒能去憑弔一下。不知Titanic電影中那個小伙子是否也在那裏安眠？

歸途

　　黃昏時分，我們返航紐約。回思St. John與Halifax這兩個小城，雖無名山大川，但附近清爽宜人，景色秀麗，城裏人文古跡，風韻趣事也不少，真可謂小城故事多，令人回味無窮。

采風篇

博物館的庭園裏正在上演著節目，兒童們歡樂地唱著歌，飾演著安徒生的童話故事。令我憶起自己童年時也是歡心地聽著母親敘說安徒生的童話，還不停地問：「是真的嗎？後來怎麼樣了？」這世界上哪裏的兒童不是如此地聽著安徒生童話而渡過童年？這些兒童走過一生，但他們卻忘不了安徒生，也忘不了他的故事。

｜輝煌與暗淡同在的印度

印度是世界四大文明古國之一，幾千年來融匯了多種文化、宗教、人種與習俗，是當今緊追中國人口的大國，也是世界貧富不均問題最突出的國家之一。一直想去看看那裏的風光，瞭解人民的面貌，但也曾望之卻步。初春之時，我與老妻前往印度，走訪了五個城市，觀賞了許多文物、風光，深深感到印度的確是一個輝煌與暗淡同在的國家。

首都新德里

我們由休士頓飛了十多小時抵達新德里（New Delhi）。全團二十多人等候良久，才見到旅行社的人姍姍來遲。他首先聲明不是他遲到，而是我們飛機早到了。疲憊的我們抵達旅館已是夜分。晚餐後到附近街上遛躂，商店破舊、小販零亂、垃圾滿地。過一騎樓，地上睡了不少人，有老有小，還有幾隻狗與人同睡。

德里（Delhi）是個古老的城，曾七次建都，最早可能在公元前14世紀。新德里是1911年英國殖民時期開拓的新區。現德里人口為1400萬，為僅次於孟買、加爾各答的第三大城。

次晨我們首先去參觀Laxmi Narayan Temple。這是一所建於1938年的印度教（Hinduism）寺廟，其中供奉印度教的三大主神及一些其他眾神，建築美觀，內部裝飾華麗細緻，將印度教的精華表現無遺。印度教源於古印度韋陀（Vedas）及婆羅門教，成形於公元第8世紀，它是綜合幾種宗教，主要是婆羅門教和佛教而產

生；信仰梵，具有造業、因果報和輪迴的觀點，並吸收了佛教開悟的精義。印度教信仰多神，但在多神中以梵天（Brahma）、毗濕拏（Vishnu）、濕婆（Shiva）三神為主神。梵天是主管創造世界之神，毗濕拏是主管保護世界之神，濕婆是破壞神，打擊邪惡，也懲罰不肖；而三個主神又有三位一體的概念。印度的宗教氣氛十分濃厚，今日百分之81的人民是印度教徒，近百分之14為回教徒，百分之0.8是佛教徒，百分之2的基督教徒，百分之0.4的耆那教（Jainism）徒，百分之2的錫克教（Sikhism）徒及其他諸教徒。

接著我們去舊德里區（Old Delhi），那裏街道非常狹窄、零亂，街上擠滿人及小販。我們先參觀Jama Masjid，這是印度最大的回教清真寺（Mosque），為莫臥兒（Mughal）帝國Shah Jahan王於1656年始建，可容納兩萬人作禮拜。其地基用紅色砂岩搭起一個占地頗大的高臺，正廳有個白色大圓柱及兩個高塔，莊嚴華麗。現印度有約一億七千萬人是回教徒，Jama Masjid乃是其信仰中心。在Jama Masjid對面的Red Fort是Shah Jahan王於1636年開始建造的皇城。莫臥兒帝國延續了兩百多年，直到1857年被英國人趕下臺。這個皇城也是全用紅色砂岩砌成，佔地遼闊、氣勢雄偉。

隨後我們去參觀甘地紀念公園（Raj Ghat，Samadhi of Mahatma Gandhi），原為1948年甘地被刺後的火葬場。甘地以非暴力手段為爭取印度獨立民主奮鬥終生，不幸在印度獨立僅半年後因巴基斯坦分隔問題被印度教極端份子刺殺，留下舉世永久的惋惜。

回到新城區，我們去參觀India Gate，又稱All India War Memorial，是為紀念參加第一次世界大戰而犧牲的一萬九千名印度戰士而建，有點像巴黎的凱旋門，卻是規模更為壯大。那裏擠滿了各地來的旅客及市民。India Gate前為一條大道，兩旁綠蔭滿

地，正對著總統府，附近有國務院等政府大樓及運動場。這一帶
環境優美、佈局齊整，與德里其他許多區域的雜亂、擁擠之態有
天淵之別。

印度古往今來

　　印度是世界最早的四大文明古國之一，早在公元前2500年，
印度河流域就產生了哈拉帕文明（Harappan Civilization），建立
城邦，創造文字及發展了雛形的宗教。公元前14世紀，雅利安
（Aryan）人侵入，婆羅門教及其種姓等級制度（Caste System）
得以成形。公元前6世紀開始，佛教、耆那教興起，其後波斯、
希臘人（亞歷山大）相繼攻入印度。

　　公元前323年，孔雀王朝（Maurya Empire）統一北印度，其
阿育王（Asoka）推廣佛教。孔雀王朝於公元前185年滅亡，印度
重歸紛亂。公元4世紀，笈多（Gupta）王朝興起，首次統一整個
印度，延續兩百多年。古老的婆羅門教吸收佛教開悟精義逐漸演
化而成印度教，並重居主導地位。公元8世紀，阿拉伯人不斷侵
入，帶進了回教，與印度教成為印度的兩大宗教，佛教、耆那教
日漸式微。其後信仰回教的Chola王國於850年興起於印度南部。
公元10世紀末曾佔領斯里蘭卡（Sri Lanka）、部分馬來西亞及蘇
門答臘，並與北非、南歐及東南亞進行海上貿易。

　　成吉思汗西征期間曾於1221年入侵印度，後帖木耳
（Tamerlane）也於1398年攻陷德里，接著回教Sultanates不斷侵佔
印度北部。直到1526年，成吉思汗（母系）及帖木耳（父系）的
後裔Babur攻陷德里，建立了莫臥兒帝國。其孫Akbar控制了大部
分印度。

葡萄牙人於1498年來到印度，進行海上貿易，其後他們在印度設了幾十個據點。但1611年，英國人來了。他們先成立東印度公司做生意，後有見於當時莫臥兒帝國的衰退，遂逐漸形成武裝及政治控制全印度。1857年，印度百姓發起暴動，英人強力鎮壓，殺戮頗多；延續三百多年的莫臥兒帝國終被英國殖民取代。1911年，英國為鞏固其統治，修建新德里城。其後甘地領導印度人民對英國進行非暴力抵抗，最終於1947年獲得獨立。

藝術瑰寶──Taj Mahal

　　離開新德里，我們上路去Agra，正逢下班堵車高峰期。新德里出城的高速公路雖為分道式（Divided），但路上車子很多，夾雜著摩托車、三輪車、牛車、馬車、駱駝車，有時還有大象及牛群，擁擠難行，光出城就走了兩小時。約260公里的路，且走且停地花了七個鐘頭，夜裏十點總算到了Agra。

　　Agra是莫臥兒帝國的Akbar王首建，他在此鞏固發展，統一印度，從16到17世紀的100年中，此地為帝國的首都，也是當時的政治、經濟中心。

　　次晨我們去參觀印度最有名的古跡──Taj Mahal，這是當年Shah Jahan王為思念其亡妻Mumtaz Mahal而建。他發動了兩萬奴工，從1631年到1653年，建造了22年才完工。費時之久、動員之眾與古埃及的金字塔相似。是一個綜合建築、藝術、科技的歷史瑰寶，現被列為新世界七大奇景（Seven Wonders of the World）之一，每年吸引了約450萬從世界各地而來的觀光客。

　　我們到了進口的大門，只見人潮洶湧，排隊進場，安全檢查嚴格。走進一道用紅色砂岩築成的高牆，穿過一個高聳的拱門，

就見到了純白醒目的圓頂與四柱高塔組成的寢陵。其兩旁各有一個紅磚的大清真寺，其正前為一長方形水池，兩旁為花園，建築對稱、和諧、莊嚴。寢陵坐北向南，背靠Yamuna河。我們隨眾多遊客列隊進入正廳，內部大理石雕刻精細，做工不凡。廳內為Mumtaz Mahal與Shah Jahan的兩個墓。

Mumtaz Mahal是Shah Jahan的第三個妻子，為他生了14個孩子，不幸36歲時去世。Shah Jahan傷痛欲絕，遂建築Taj Mahal以為思念。原打算等他自己死後在隔河之北建造一座與Taj Mahal同型同規模，而用黑色大理石建造的寢陵安葬自己。並用一座金橋跨過Yamuna河連接二陵，有似牛郎織女過銀河相會，同時也希望帶給子孫好運。但不幸事與人違，其後他的一個兒子殺了兩個兄弟，並囚禁了Shah Jahan。Shah Jahan的最後八年被關在距Taj Mahal幾公里外，Yamuna河畔的城堡——Agra Fort。當時莫臥兒帝國的國勢已大不如前，他的兒子當然不會替他建個黑色的豪華寢陵。Shah Jahan在古堡中，每日遙望亡妻之墳，鬱鬱而終。這個愛情故事頗似我國奢侈荒唐的唐明皇，晚年遭難失權，在燭光搖影中懷念楊貴妃，淒涼孤獨、纏綿思情地渡過餘生。

出了Taj Mahal，我們去參觀Agra Fort。這個皇家城堡是Akbar王開始建造，經過三代擴建才完成。全用紅色砂岩砌成，規模宏大，藝術水準高超，較我在歐洲見到的許多城堡有過之而無不及。在Agra Fort對河北岸為The Tomb of Itimad-ud-Daulah，為Jahangir王的Nur Jahan皇后紀念其父親Mirza Ghiyas Beg而建的寢陵，精緻美麗。Mirza Ghiyas Beg原為波斯人，歸附莫臥兒帝國，曾任首相。他另外還有一個有名的孫女兒，也就是現在躺在Taj Mahal裏的Mumtaz Mahal皇后。以上這三個建築表露了莫臥

兒帝國極盛時期的經濟、文化及工藝水準。

短暫而輝煌的皇城──Fatehpur Sikri

我們一早離開Agra，向西前往Jaipur，走了約37公里先到了Fatehpur Sikri皇城。這是Akbar王時期的建築。據傳Akbar原有三百多個妻妾，卻沒有兒子。他來到這裏拜訪女巫Sufi Saint Sheikh Saleem Chisti, Chisti預言他將會有三個兒子，其後果然應驗，Akbar心喜欲狂，乃決定將都城由Agra遷此。從1571年開始，皇城陸續建了九年才完工。但後來發現這一帶因沒有河川，缺乏水源，只得在建都14年後廢棄，遷往他處。

這個短暫的都城十分華麗，大部分用紅色砂岩建造，包括皇宮、清真寺、Buland Darwaza凱旋門，另有白大理石築成的Sheikh Saleem Chisti之墓。庭院佔地廣闊，佈置幽雅。宮殿雕刻融滙了回教、印度教、基督教等的風格，有極高的藝術水準。

在皇城上遠望四周殘垣破壁，可見當年該城池規模宏大、輝煌。相映著山坡下的破落小村，顯示出印度傳統的統治階級與百姓的生活有天壤之別。各景點附近有許多兜售紀念品的小販，不論成年人、婦女、孩子，總是群湧而上，纏人不放，教人難以招架。他們鍥而不捨的精神令我體會到印度人口眾多，競爭激烈，求生非易。

從Agra到Jaipur約280公里，卻走了七個小時。路過小鎮、村落，只見人畜雜居，十二生肖中一大半──牛、馬、羊、猴、雞、狗、豬都在街上跑動。老鼠是聖獸（Holy Animal），牛也是聖獸。見到有專人帶領一大群水牛沿街而行，到河裏去遊玩。街上沒見到垃圾桶，垃圾堆在路旁，引來不少狗、豬及羊群。少見

廁所，倒是屢見男士在街邊小便。由於旅途費時，令我們團員勞累不堪。另外大家不適應印度食物中的各種香料，加之衛生條件很差，幾乎所有的團員都感到不舒服，我也上吐下瀉一日。

新舊兼備的Jaipur

Jaipur是個相當大的城，為Rajasthan地區信仰印度教的王室Sawai Jai Singh II於1727年始建，其後陸續擴建皇宮、天文臺。其皇宮有用金黃砂岩建築，也有漆上黃色的建築及觀時令的天文臺。

位於Jaipur東北郊外十公里處的Aravalli山上建有一座十分雄偉的古堡，稱為Amber Fort。該古堡始建於公元第11世紀，當時這裏是一個印度教的城邦。到了回教徒侵入印度，並建立了莫臥兒帝國，這裏的王族與莫臥兒王族聯盟合作，RajaJai Singh在此大為擴建，成為其行宮。Amber Fort規模宏大，四周山脊有十幾公里的長城，其山下有一個大湖（Maota Lake）。我們一早到那裏，排了一兩小時的隊，騎大象走上古堡。參觀皇宮及廟宇，十分華麗，顯示了印度教的文化與藝術。遠望山後的高山上還有另一古堡雄踞山巔。而俯瞰湖邊碼頭、庭院，工程浩大。歸途中見到附近另一湖中建有一座白色的水上行宮，美輪美奐。這樣輝煌龐大的皇宮古堡在中國及歐洲都是罕見的，真不知當年耗費了多少金錢與奴工？

僑鄉Cochin

Cochin位於印度半島西南部的阿拉伯海邊。我們於夜間從新德里飛到這裏，見到街道較新德里、Agra、Jaipur等幾個城市

清潔有序。這裏是「僑鄉」，大部分居民均有家人出海謀生，帶動了本地的經濟與文化，教育水準也較內陸地區高。Cochin是Kerala省的省會，Kerala在歷史上大多時間為獨立的自主城邦。1498年，葡萄牙人伽馬（Ponte Vasco da Gama）首次繞過好望角來到Kerale，開啟了歐亞海上貿易，Cochin成為香料出口的重鎮。葡人曾在印度建立了幾十個商務據點，連伽馬最後也死在Cochin，葬此十多年後才遷回里斯本（Lisbon）。

我們在城內參觀了16世紀初葡萄牙人來此建的天主教堂。因海上貿易，這裏融匯了各種文化與宗教。我們在海邊見到古老的中國沉網捕魚，在城裏參觀了一條「猶太街」及猶太教堂。據說幾世紀前此處有約5000猶太人居住、做生意。現僅剩下十幾個老人。這裏因受歐洲影響，信基督教、天主教的人比較多。街上到處是賣工藝品的商店，以雕刻、衣服為主。此地天氣炎熱、陽光烈曬，盛產Cardamom, Turmeric等香料（Spices）、咖啡、茶、椰子及芒果，一片南國風光。

美麗與醜陋的孟買

由Cochin飛行兩小時，我們到了孟買（Mumbai, Bombay）。出了機場，只見車輛擁擠。相對於新德里，孟買是個現代化的城市，由七個島嶼組成。主要是與歐洲人海上貿易，特別在蘇伊士運河於1869年開通以後迅速發展。街道很有規範，富歐洲色彩，市容繁華，頗似中國的上海。現人口約1600萬，為印度人口最多的城市。

經過距機場不遠的高速公路時，導遊指著兩旁告訴我們這是孟買的的貧民窟之一，只見房舍破爛、擁擠，衛生條件很糟。大

家雖不能就近去訪問，卻都爭著向窗外拍照。不久到了繁華鬧區，導遊又指著一棟27層，奇形怪狀的高樓，對我們說這是印度首富一家五口的豪宅，其造價為十億美金。我們的旅館靠近海邊，這一帶的海濱大道景色很好，不遠處就是有名的Gateway of India及2010年歐巴馬（Obama）訪問印度時住的旅館──Taj Mahal。這個旅館於前幾年曾遭回教恐怖份子爆破，死傷慘重，震驚全球。

我們到Malabar Hill公園瞭望海灣，並經過祆教（Parsis）徒的居民區。這些教徒來自波斯，在此落戶許多世紀，以貿易為生，自成社區，還保持與西藏相似的「天葬」。他們經常舉行葬禮，迎禿鷹來吃屍體，只是不讓外人參觀。

我們搭船一個多小時去海灣中的象島（Elephanta）參觀那裏的石窟巨雕。此地最早在公元前2世紀就有祭神的石雕，其後各朝代均一再開鑿。現有的大部分雕像及石窟是西元16世紀建造，為一有三個大殿，用大圓石柱支撐的巨大石窟。主要為紀念印度教的濕婆神（Shiva）。岩石為堅硬的黑色宣武岩（Basalt），許多雕像高達二十多英尺，描現濕婆神的神話故事。其中正殿為濕婆神的三面頭像，雕刻精細、神態怡然，與中國雲崗石窟相似，而其宣武岩作工卻更為艱難、精美。象島石窟的石像是這次旅行中，我們見到的最上乘的幾處雕塑之一。

我們搭車經過一條新建的跨海灣長橋，工程浩大，造型壯麗。在其上遠望市區，高樓林立，市容美觀，與世界各大城市相較，絕不遜色。導遊告訴我們現印度養了九百萬軍隊，是世界上最大的武裝集團。在乘船去象島的途中，我十分詫異地見到海岸旁的一艘新型的航空母艦，顯示了印度的工業及國力。

我們在市區內經過維多利亞火車站（Victoria Terminus），

是一個莊嚴的建築，也是當今印度，甚至世界上最繁忙的交通中樞。英國殖民時期在印度大建鐵路，到19世紀末已有四萬公里的鐵路網，而當時中國的鐵道建設尚在起步階段。

孟買是印度的金融及商務中心，有許多工商業鉅子及財經英才。Bollywood開創於默片時期的1913年，現為世界最大的電影製作中心。另外孟買也是印度的電子工業中心，有幾條街全是電腦公司。印度的電腦業人才齊集，在外包服務界（Outsource）居世界首屈一指的地位。近年來印度經濟發展很快，與中國同為世界發展國家之首。

但從另一個角度來看，孟買有超過一半的人住在貧民窟裏。距我們旅館不遠的海邊就有個貧民窟，我於夜間及清晨兩度步行到裏面去觀察，見到房舍簡陋，有的僅是幾塊鐵板或帆布，擁擠、雜亂，垃圾遍地，猴、雞、豬、牛沿巷奔走，衛生條件奇差。清晨婦女們拎著桶子，排隊領取一天的用水。最糟的乃是街邊睡滿了人，殘障的幼童、瘦弱的母親，這些較有名的電影——Slumdog Millionaire中看到的更為真切，而令我望之心酸！我在清晨路過街邊，見到睡在那的孩童已早起，遂禁不住地將自備的午餐送了給他們。但更令我驚奇的乃是他們看來都「安貧樂道」，事實上在印度歷史上也從未發生過像中國的「農民革命」這類事情。這主要是印度教古老的種姓等級制度及輪廻概念，人民能承受貧富不均，安於現實，僅期於來世的昇華。雖然造成社會的穩定，卻堵塞了人民奮發向上的積極性。

印度現有12億人口，每天有7200嬰兒出世，預計在二十年內人口總數將超過中國。印度的文盲超過百分之30，國家沒有用足夠的經費推廣教育。

尾聲

在漫長的歸途中，我回思此行見到印度古往以來的文化、宗教及社會演變中留下的許多城堡、寺廟、雕塑，這些堪與世界各文明古國比美。孟買是個美麗的現代化都市，當今印度經濟急速發展，欣欣向榮。但另一方面，街道雜亂、交通擁擠、欠缺衛生，帶給我們旅途許多困擾。親見各處的貧民窟、陋巷、破落農村，瞭解到人口過剩、貧富不均、教育缺乏是印度社會的首要問題，及未來面對難解的死結。印度留給我的總體印象乃是「美好、惡劣、和醜陋」（The Good, The Bad, and The Ugly）！

（原載於《世界周刊》，1416期，2011年5月8-14日）

有如夢幻的阿聯酋

幹了一輩子的石油工作，卻從沒去過遍地是油的阿拉伯。如今退了休，與石油也脫了節，但有機會去阿拉伯看看，還是很興奮的。特別是一直看到電視、書報介紹迪拜（Dubai）之奢華，心裏總以為是一群阿拉伯土佬的暴發戶舉止。此行卻令我大為改觀，這些阿拉伯人真是有眼光、有魄力的生意人，創造了迪拜這個金融、商業的夢幻都市，也使阿聯酋為舉世矚目。

前往迪拜

我與老妻從休士頓搭Emirates Airline班機直飛迪拜，這一程飛了十五個小時，幾乎越過了半個地球。所幸我們飛機坐慣了，不覺勞累。旅途中不時在機上走動一下，也不時望望窗外，此行居然從機上清楚地看到了世界上兩個我們一直想去，卻沒能去成的地方。其一是伊拉克——人類文明濫觴的兩河流域，巴格達（Baghdad）與蜿蜒而流的底格里斯河（Tigris）盡收眼底；另外是人煙稀少的格林蘭（Greenland），只見峻嶺、冰川、雪地、凍湖連綿，蔚為壯觀。

近黃昏時分，我們抵達迪拜。這個機場是我見過最豪華的機場，金碧輝煌、商店林立，穿行著各洲各地的人群，首先令我感覺到迪拜的商業氣氛不同凡響。

從無到有的阿聯酋

導遊來接我們，他首先向我們一團介紹了阿聯酋（The United Arab Emirates）。阿聯酋是由七個酋長國（Sheikhdoms）：阿布達比（Abu Dhabi）、迪拜（Dubai）、Sharjah、Ras AI Khaimah、Fujairah、Umm al-Qaiwain、Ajman於1971年12月2日組成的聯邦。它位於阿拉伯半島的東南角，北臨波斯灣，西和南與沙特（Saudi Arabia）、東與阿曼（Oman）接鄰，總面積只有八萬多平方公里，古代為阿拉伯帝國的一部分。19世紀初被法國侵入，後於1820年，由當地的九個酋長國與英國簽訂了一個「海域休戰協定」（Maritime Truces），成為英國殖民地。

這裏幾乎沒有河川、缺乏淡水，以往百姓從事採珠、捕魚為生。但在一千多年前阿拉伯帝國興起時，這裏的水手們就航海出外遠走中國、東非進行貿易，取得經商的經驗。英國殖民時期開發迪拜為商港。但直到上一世紀60年代，整個的阿聯酋地區只有18萬人口。

從1940年代，石油勘探就開始在阿布達比進行，但最初十幾年沒能找到任何油藏，令人非常失望。直到1958年，第一口在海上的探井發現了巨大的油藏，1962年開始投產。從此改變了此地的整個面貌。如今阿聯酋石油產量為每日280萬桶，居世界第五位，其中90%來自阿布達比。

1960年代，隨著石油的開發，帶動了本地經濟，頗有遠見的阿布達比酋長Sheikh Zayed bin Sultan Al Nahyan帶頭提議將阿拉伯半島東南角與英國簽訂「海域休戰協定」的九個酋長國組成聯邦。但其中的Qatar和Bahrain表示反對，拒絕參加，於是由

所剩七個酋長國簽約組成阿聯酋。首都設在阿布達比,由Sheikh Zayed擔任總統。他做了33年,直到2004年去世。Sheikh Zayed和世界上許多「霸佔、獨裁」長久的「領袖」有個最大的區別,他曾說過一句話:「如果不是為了人民的福祉,開發石油是毫無意義的!」更重要的乃是他在位的33年中,的確是勤政愛民、兢兢業業地為著這個目標而努力不懈。他協調各酋長國,從事經濟建設、社會福利,把阿布達比巨大的的石油收入轉注給阿聯酋的子民;同時他結合了阿布達比的油氣財富與迪拜的商業基礎,將迪拜建設成為一個舉世矚目的商業、金融中心。現阿聯酋總人口已達450萬,人均每年所得(GDP per capita)高達五萬美元,是世界上最富有的國家之一,Sheikh Zayed至今猶為人民懷念不已。

商業金融繁盛、市容有如夢幻的迪拜

我們由機場沿著迪拜的主要穿城高速公路——Sheikh Zayed Road進入城區,只見路兩旁美色美幻、奇型怪狀的高樓林立。我們住的旅館非常現代化,附近有形形色色的商場。各國大公司在此大多設有分公司,譬如全球性的石油服務公司Halliburton近年已將其總部由Houston遷到這裏。另外我們這幾天在此也見到中國石油天然氣總公司下屬的一個作業公司,有上千人的工作隊在迪拜從事中東的工程作業。

迪拜最有名的旅館是號稱「七星級」的Burj Al Arab(意為阿拉伯之塔),是一個28層、高達321米、形如帆船,而坐落在海上人工島上的美麗建築。據說每間套房的日費高達3000至15000元美金,連進去參觀一次也得花不少錢,我們只得找了個好地方留影了事。位於海邊,距Burj Al Arab不遠的Atlantis The Palm旅

館，規模宏大、氣派不凡。附近海灘的景色很美，只是雖已十月，還是炎熱潮濕，令人難受。棕櫚島（The Palms）號稱「世界第八奇景」，共有三處：The Palm Jumeirah、The Palm Jebel Ali、The Palm Deira。我們去了The Palm Jumeirah，一個形如棕櫚樹的人工島，那裏有許多豪華住家，該島現尚在擴建中。

今年（2010年）一月才完工的Burj Khalifa（Burj Dubai），共160層，高828米，是現在世界最高的大樓，比以前全球第一高的臺北101大樓（508米）要高了一半多。我們搭電梯到124層的觀景台，鳥瞰北面蒼藍的波斯灣、南面一望無際、黃沙滾滾的沙漠，以及高樓聳立、令人眼花繚亂的迪拜全景。其中有一座正在建造，形如「麻花」的高樓，別具風格。Burj Khalifa之旁為一人工水潭，四周大廈環繞。我們在那觀賞了晚間的噴泉音樂表演，美麗壯觀。

我們去阿聯酋商場（Mall of the Emirates）逛逛，其中有一個滑雪場（Ski Dubai），號稱全世界最大的室內滑雪場。許多人在那乘纜索上坡去滑雪，孩子們雪地玩耍，其樂無比。迪拜商場（Dubai Mall）裏有個很大的水族館，規模宏大，其中有一個幾層樓高的大魚缸，裏面游滿各式各樣的大魚，招引了許多遊客。另外還有一個溜冰場，很多年輕人及孩子興致衝衝地遊玩。

黃昏時際，我們去市外的沙漠遊玩。事實上這裏的沙丘並沒有敦煌鳴沙山或美國死谷（Death Valley）的沙漠壯觀，但當地人「點子」出的好，弄出一個「沙漠奇旅」（Dune Safari）。一大群四輪帶動的越野車列隊在沙丘上上下下穿行，的確別開生面。襯映著夕陽西垂，美景非常。沙漠行車後，就地在沙漠中的一個營區晚餐，席地坐在沙上，同時觀賞當地的肚皮舞（Belly

Dance）及雜技表演，風味十足。

　　次日，我們去Bastakiya區參觀一個在舊的古堡中的小型博物館，其中陳列了阿聯酋建立以前當地居民的生活風采以及建國以後的進步狀況。這裏是城東的Deira老區，有一條迪拜河（Dubai Creek），全長僅13公里。事實上只是一個狹長的海灣，並沒有流動的淡水。在迪拜是沒有淡水資源的，所有的用水必須經過海水淡化或向別國購買。導遊帶我們去那裏的黃金市場，幾條街排滿了大大小小的金鋪。迪拜是自由港，買東西不必交稅，附近各國的金銀都送到這交易，使此地成為世界聞名的黃金市場。晚間我們乘船在迪拜河上欣賞兩岸夜景，別有風味。在船上品嚐了一些當地的風味菜，十分別致。只是夜間在甲板上還是悶熱難受。

　　我們在商場看到許多身穿黑袍蒙面的阿拉伯婦女在購買金銀首飾，也見到不少身著白袍的阿拉伯男士成群地坐在咖啡店裏喝咖啡，擺龍門陣。據導遊說當地政府對現有總人口百分之20之下的本地人給予很好的社會福利，使他們過得悠哉自如。但總人口中百分之80以上的外來工作者就無法享受福利。外來者在此生下的孩子都不能成為公民及享受福利，但外來的女性嫁給本地人所生的孩子則可取得公民權。

　　這幾天，我們在旅社及商場，到處遇到來自東南亞、歐洲、澳洲、非洲各地來此工作的人們，迪拜成了商業的民族熔爐。事實上讀者只要翻開地圖，除了南北美洲遙遙在外，阿聯酋正好居於地理上的中心位置，從這裏到歐、亞、非、澳諸洲均只須幾小時的飛行。這也是迪拜成為國際金融、商業中心的主因之一。

富足阿布達比、十億元清真寺

阿聯酋最大的財富來自石油天然氣，其中百分之90都是在阿布達比生產。以致阿布達比成為阿聯酋的「龍頭」，阿布達比市也成為阿聯酋的政治、行政中心。

我們沿著高速公路——Sheikh Zayed Road由迪拜向西而行，見到公路旁的Jebel Ali人工海港及迪拜鋁業公司（Dubai Aluminium Company）。這兩個地方顯示了迪拜雄厚的商業實力，以及除了石油之外的其他工業發展。

一個多小時後到了阿布達比。這裏最有名的建築是2007年12月才完工的大清真寺——Sheikh Zayed Grand Mosque。據稱造價高達十億美金，用白大理石建造，有許多圓頂，顯得美麗壯觀。作禮拜的大廳有一塊世界最大的地毯，彩色鮮豔，四處壁上裝飾得非常別致。廳內屋頂高達十多層樓高，大廳可一次容納四萬人作禮拜。導遊說這乃是世界上回教的第三大清真寺，我們在那裏停留了一個多小時，見到許多從各國遠來的遊客，都對此建築驚讚不已。

坐落在市區邊的Emirates Palace是一個占地廣闊，金碧輝煌的大旅館。正如其名，他的外形和內部裝璜都有如皇宮。

我們穿過高樓林立的市區，見到一個正在建造的大樓。該樓摹仿比薩斜塔，設計為傾斜18度，造價昂貴，但的確看來與眾不同。另外見到一座樓有似直立的薄煎餅（pancake），設計獨到。

中午我們到商場Mariana Mall午餐，並在那裏逛了一陣。這是個很大、很豪華的商場，裏面各式各樣的商店應有盡有。商場

的進口正面對海灣與對岸的市區高樓大廈，阿布達比的全景一覽無遺。

回到迪拜的歸途中，我們參觀了正在興建的大體育館，宏大輝煌。阿聯酋人喜歡足球及騎馬曲棍球。

尾聲

次日我們飛離迪拜。回思此旅，我們見到了欣欣向榮、有如夢幻似的迪拜與富足有餘的阿布達比，大開眼界。總的來說，阿布達比是行政中心，市容不及迪拜繁華。但阿聯酋能結合阿布達比雄厚的石油財富與迪拜有利的商業環境，幾十年內發展出一個舉世矚目的金融、商業中心，這是難能可貴的。未來世界能源問題將日益緊張，全球商業發展會更趨國際化，阿聯酋的發展也必將蒸蒸日上。

（原載於《世界周刊》，1399期，2011年1月9-15日）

▎訪安徒生故居憶童年

當我還在童稚之齡，聽到母親講安徒生（Hans Christian Andersen）《皇帝的新衣》的故事。笑得前躬後曲，還一直在問：「那國王和那麼多人怎麼會那麼笨呢？後來那兩個壞人被抓到沒有？」六十多年來又不知多少次地重讀這篇童話，每次讀後，感受都有不同。同時在設身處事中也一再遇到有似這故事的實況，益發覺得安徒生童話的確可愛、深遠，無怪乎成為世界上讀者最多的書籍之一。

2007年秋，我與老妻前往北歐。我們的旅行團離開哥本哈根後約三小時到了在奧登塞（Odense）的安徒生童年故居。現在那設立了一個紀念安徒生的博物館，展覽他一生的著作、遺物，並介紹他的生平；同時將他童年時全家居住的簡陋小屋重建，讓人們瞭解安徒生的童年及引發他諸多偉大創作的背景。

在家、國的艱難環境下渡過童年

展廳裏介紹他的一生及時代。圖片中有拿破崙、梅特涅、林肯、馬克斯、俾斯麥及諸次戰爭及革命，安徒生的一生貫穿其中。安徒生於1805年在此出生，他的父親是一個窮苦的鞋匠。當時正逢拿破崙東征西討，丹麥位於戰火要衝，只得參加拿破崙大軍為其附庸國。安徒生的父親修補破鞋的工作本來就十分艱苦，加之戰火連天，更難維持家庭生活。只得到拿破崙軍中去當雇傭兵。在軍隊裏只待了很短一段時間就生了病，回到家裏就死了。

安徒生的母親靠洗衣謀生，他的祖母有時還在街上行乞。1815年，拿破崙戰敗，丹麥也成了戰敗國，領土喪失、經濟崩潰。安徒生的童年乃是在家庭、國家的艱難環境下度過。

我們進入在展廳旁重建的安徒生童年的住所。是一個非常窄陋的兩間小屋，起居室裏面擺滿修鞋的工具，還有一張安徒生睡的小床。令人一目了然，瞭解了他童年困苦的環境。當時奧登塞只有6000居民，約一半是像安徒生家庭一樣的下層勞苦階級。令我聯想到出身木匠之家和做過鞋匠的高爾基及其著作《童年》與《我的大學》。安徒生和高爾基一樣，都是在這社會低層，艱苦的童年生活中，體驗社會並磨煉出努力不懈、追求光明的高尚品質。

因為家貧，安徒生沒有進過正規的學校。他最初對舞臺感到興趣，想當名芭蕾舞演員或歌唱家。14歲時（1819年），他離開了這個童年故居前往哥本哈根，被丹麥皇家戲院雇用擔任小角，學習表演技術，在貧困和饑餓中渡過了三年。由於他的長相及其後說話聲音受損，一直沒能被戲院重用，最後不得不放棄舞臺生涯。但這三年的學習，使他得到一些經驗，於是開始寫作。當年他17歲，寫了第一篇劇本。投稿後，被評為「文法錯誤、別字連篇與內容粗俗」，而遭退稿。但這篇劇本開啟了他的寫作生涯。誰會料到這個被拒稿的17歲孩子，以後成為世界最暢銷的作家之一。我們前一天在哥本哈根見到安徒生成年後在海港的住所，也瞭解到安徒生肯定是如今丹麥最為人稱道而引以自豪的人物。

樸實、生動、充滿豐富想像的文體

　　離開舞臺後，戲院的好心人送他去上學，這是安徒生從小沒能妄想的，使他由一個半文盲逐漸成為頗有文化的作家。他的著作在最初受到「上層社會文人」的大力攻擊，主要是他的想法、用詞及選擇的題材都是有關下層民眾的生活。在「上層社會文人」看來乃是不能「登大雅之堂」的。但也正因此，安徒生這種樸實、生動，充滿豐富想像，從大眾口語中提煉出來的文體和反應他們生活及感情的故事，逐漸得到廣大讀者的喜愛與支持。同時打破了傳統的老套，在兒童文學創作中起了革命的風潮。

　　安徒生的第一部童話定名為《講給孩子們聽的故事》。他曾說：「我用我的一切感情和思想來寫童話，但是同時我也沒有忘記成年人。當我在為孩子寫故事的時候，我永遠記著他們的父親和母親也會在旁邊聽，因此我也得給他們寫一點東西，讓他們想想。」他的故事乍看起來非常平淡，但是仔細推敲一下卻是意味深遠，表露出民間文學中的親切、機智和幽默氣氛。《皇帝的新衣》說明了現實社會的政治、行政中統治階級的虛偽、無知與群眾的無奈。安徒生提醒人們這種事充滿於世間，不斷地重複。讀者回思一下，毛主席的「文化大革命」不也正是主席「赤裸上陣」，而全國叫好嗎？在《夜鶯》中，他劈頭就說：「你大概知道，在中國皇帝是一個中國人，他周圍的人也是中國人。」作為一個遠隔重洋的丹麥人，他告訴世人，我們中國人喜歡搞「造神運動」。在《豌豆上的公主》裏，安徒生顯明、無情地揭發了所謂高人一等的「貴族」的心態，以及他們引以為榮的「身份」與

「愛情」的實質。另外在《賣火柴的小女孩》裏，他提出許多現實社會中窮苦階級的生活問題，令人讀之落淚。

一生過著孤獨但充滿對世間熱愛的日子

博物館內有許多安徒生的塑像，坐的、站的、半身、全身，各式各樣。在博物館附近的一條步行街的廣場設有一個巨大的安徒生坐姿的塑像，描述他給兒童說故事的情景。他身高1米85，在當時比一般人高25公分。說實話，他長的不太好看，有人形容他像駱駝，但充滿活力。

安徒生未曾結過婚，有三次投入情網，卻都是未得其門而入。他一生過著孤獨但充滿對世間熱愛的日子，於1871年在哥本哈根去世。正如他在《我的一生的故事》（The True Story of My Life）裏所說：「我的一生就是一個可愛的、快樂而充實的故事。」

腦靈手巧、能畫擅剪、習演善舞、多才多藝

我們在展廳見到他寫的許多書信及手稿。另外他的素描水準不淺。最使我驚奇的乃是見到展廳裡陳列了許多安徒生親手作的剪紙（Papercuts）。這些都是安徒生用剪刀剪成的，有兒童、人物、傢俱、花卉、動物等等，與中國的剪紙有相似之處，但風格不同，手工非常精巧而生動有趣。安徒生的剪紙是很獨特的創作，也表露了他腦靈手巧、能畫擅剪、習演善舞、多才多藝，使得他創作出許多不朽的著作。

全世界的兒童一生都忘不了安徒生，也忘不了他的故事

有一間展廳擺滿了世界各國翻譯的安徒生著作，幾乎找不到任何一種重要的語言沒有安徒生童話的翻譯本。如果說安徒生是世界最暢銷的少數幾個作家之一，是絕不為過的。

我們臨離去時，走過博物館的庭園，許多美麗的花草、一個小水潭、一個小堡壘及小舞臺。那時正在上演著節目，兒童們歡樂地唱著歌，飾演著安徒生的童話故事。令我憶起自己童年時也是歡心地聽著母親敘說安徒生的童話，還不停地問：「是真的嗎？後來怎麼樣了？」這世界上哪裏的兒童不是如此地聽著安徒生童話而渡過童年？這些兒童走過一生，但他們卻忘不了安徒生，也忘不了他的故事。

（原載於《世界周刊》，1364期，2010年5月9-15日）

▍探訪曹操高陵與銅雀台遺址

　　去年（2009年）底，河南省文物局及中國社會科學院宣佈曹操的墓——高陵在河南安陽縣西高穴村被發現，而被列為2009年中國考古六大新發現之一。此消息傳出後，引起國內學術界及社會上極大的關注，同時也激起了一些質疑。曹操是中國歷史上，在政治、軍事及文學幾方面一個非常多彩多姿的人物。中國文學奇葩《三國演義》中將曹操的雄才大略、奸詐弄權刻畫得淋漓盡致，使得曹操成為歷史上家喻戶曉、最為傳道的人物之一。正逢大陸推出新拍攝的連續劇《三國》，曹操熱遍及全中國。

　　我雖非歷史專家，也沒機會看到高陵出土的第一手資料，談不上考證被發現曹墓的真偽。但抱著對曹操的好奇之心，乃與老妻由北京前往安陽，輾轉踏上去高陵與銅雀台之途。

　　我們在安陽搭上北行的長途汽車，走了約二十來公里，司機把我們丟在107國道的路旁。我問路人如何去曹操高陵，他們說由那條小路向西走十幾華里就到了。但那四周沒有出租車，見到幾個三輪機動車路過，也沒敢乘坐。見一年輕人——小陳有一輛小麵包車，他正坐在路邊與人擺龍門陣。乃與他商量好送我們去高陵。上路後，我問他銅雀台遺址何在？他說就在向東十幾華里外，他家村莊之旁。於是談妥由他帶我們去高陵後，再去西門豹祠、銅雀台探訪。

曹操高陵

　　我們向西走了約二十分鐘，見到一個村莊。小陳告訴我們，這就是西高穴村。西高穴村為一約兩千居民的荒僻小村。我在西高穴村逗留了兩三小時，瞭解到現在西高穴村旁發掘兩個大墓：一號、二號。一號是誰的墓，現在還搞不清楚。二號已被社會科學院及河南省文物局確定為曹操高陵。高陵正在開鑿整理，工地圍了很大一圈。有兩個大棚分別是一號、二號墓的發掘工地。我見到一群「有關係」的人進去參觀，遂向守門的人說了半天，但他們不敢作主讓我們進去。即使進去，現在也看不到太多東西，也絕不許拍照，只得作罷。

　　我在墓旁的田裏與一個農夫談了一陣。這位農夫的地就在高陵之旁，他既興奮又緊張。想趁此發點財，但又怕弄不好，賠了地又賺不到錢。他邀請我到他家住幾天，帶我去找村長，保證可以進發掘工地裏去看看。但我沒那麼多時間，事實上我主要想看的是四周的狀況，也就不多花時間等待了。

　　我在村裏訪問了許多村民，大多樸實、敦厚。他們地處偏僻，離群索居，也顯得怡然自樂。村民早就傳說曹操高陵就在這一帶，但一直不知究竟在哪個位置？西高穴村就是如此定名的。現在村裏的人是幾家歡樂幾家愁，有人積極想發財，也有人擔心從此失去了寧靜。政府已設了許多規章：不許加建房子，不許外人搬入村子，不許隨意租房等等。

　　漳河距村子不遠，但也有好幾華里，我在炎熱無比、太陽高照之下，花了半個多小時才走到漳河之濱。漳河雖早已淤塞，舊河床多已成農田，但由廢棄的橋墩可見古代漳河為一水勢盛大的河流。

《三國誌——魏書》記載曹操於建安二十五年（220年）病逝於洛陽，靈柩於次月運回鄴城，葬於高陵（西陵）。他在死前發布「終令」（即遺囑）吩咐：「其規西門豹祠西原上為壽陵，因高為基，不封不樹。」又對諸子說：「汝等時登銅雀台，望吾西陵墓地。」曹丕篡漢後，將其父高陵地面建築拆毀，僅保留了林園，其後戰亂遷徙，世人則無法尋覓高陵了。我在漳河故道之濱，及其後到銅雀台觀察，瞭解到高陵附近直到銅雀台都是一馬平川，絕無山巒、丘陵。但高陵的確是那一帶的「最高點」，估計較當年的漳河正常河面要高出好幾十米。是以符合「因高為基，不封不樹。」之言。曹操高陵位於西門豹祠之西十餘華里，西門豹祠又位於銅雀台之西十餘華里，與曹操臨終中所言：「其規西門豹祠西原上為壽陵」完全吻合。至於後世有「葬於漳河之底」一說，村民認為是當地有許多古墓因洪水淹沒而引起的遐想。這與曹操「因高為基」的遺言不和，誰願意死後被水泡的稀巴爛？而那時又哪有打「斜向井」到河底的技術？

小陳對我說，高陵一帶及其西有許多南北朝的古墓，再向東有一些唐代墓，銅雀台附近有許多漢墓。這一代盜墓盛行，名堂很多，也累積了不少考古知識。作為初步考古探測的「洛陽鏟」，就是盜墓者由歷代實踐而發明的靈巧工具。至於民間傳說，並見於《三國演義》及《聊齋》中所謂的「七十二疑塚」之說，據村民告訴我乃是由於這一帶的盜墓者以前挖了成百上千個墓，卻都沒能找到曹操的墓，也就流傳此說了。

至於高陵的風水問題，雖然位處平原，但高陵的佈局是坐西背靠遠處太行山，北、西、南遠方小丘環繞，向東開闊，前有漳河蜿蜒。不失為君臨天下的好風水。

現場正在建一個展廳，據說很快就可開放。現在整個安陽都關注高陵的開發，希望帶進一些旅遊的收益。

西門豹祠

我們在西高穴村探訪了近三小時後，小陳帶我們沿著來時小道回到107國道。頃刻就到了西門豹祠。

西門豹為戰國時魏國的「鄴令」，開鑿渠道，引漳水灌溉農田，造福人民。最有名的乃是投女巫於漳水，除河伯娶婦之害。西門豹祠位於漳河南岸，107國道旁。2000多年來，百姓拜祭不斷。近年來只剩一破舊小祠，也成為尋找高陵的唯一指標。高陵發現後，地方政府正在建一所頗具規模的祠堂，以配合高陵，招攬旅客。但當日該祠的大門深鎖，我們在那裏不得其門而入，只得在圍牆外照了幾張相就離去了。

古鄴城遺址

離開西門豹祠，小陳帶我們去探訪古鄴城與銅雀台遺址。

古鄴城位於當今107國道之東，跨漳河南北，始建於春秋齊桓公時（公元前685～644年），東漢末原為冀州牧袁紹的大本營。曹操於建安五年（200年）在官渡擊敗袁紹，後於建安九年（204年）攻佔鄴城。其後曹操擴建鄴城，作為其霸王之業的大本營，且以此為魏的都城。

曹操建設鄴城，築馳道、修運河，便利交通，同時使四郊水道縱橫，灌溉方便，農業生產發達。鄴城成為當時中國實際的政治、軍事、經濟、文化中心。曹丕稱帝後，魏定都洛陽，以鄴城為北都。

東晉十六國時期，後趙、冉魏、前燕均建都於此。南北朝時東魏、北齊以此為都，並增建鄴南城（老城稱鄴北城），大興土木。鄴城經六朝為都，屢次擴建，規模宏大。楊堅篡北周，宇文迥據鄴抗拒。楊堅攻克鄴城後（大象2年，公元580年），因迷信鄴城有「天子之氣」，下令縱火焚城，使六朝名都為之一炬，徹底被毀。此後漳水氾濫，遷徙無常，鄴城遺跡多已無存，僅在極少的地表尚有城垣殘基，銅雀台東南角，以及依然聳立的金鳳台遺跡。

現今鄴城故地多為田野，夾雜著幾個小村莊，沒有鋪好的道路。我們車行在田間顛簸的土路上，經過小陳住的上柳村，一個約千人的荒僻小村。不久見到漳河故道。漳河原為一水勢旺盛的大河，曹操時的河道在銅雀台邊，近代河道之北。現今河道儘是麥田、玉米田，沒有河水，但遠處河道上有幾個積水的小潭。過了漳河橋就到了鄴鎮村，是一個偏僻、落後，約有千把居民的小村莊。我們在村中見到一個大石碑，上書「三台遺址」，標明該村乃是銅雀台遺址所在。

銅雀台、金鳳台遺跡

建安十五年（210年），曹操在鄴城的西牆北部以牆為基，築銅雀台。台成後，命曹植作《登臺賦》以記盛況。銅雀台不僅是戰略要地，也是曹操與賓客宴飲賦詩、姬妾歌舞歡樂的地方。同時成為文人聚會、創作之所，建安七子、蔡文姬均曾在此賦詩、演奏。

建安十八年（213年），曹操在銅雀台之南建金虎台，後趙石虎避諱改為金鳳台。建安十九年（214年），曹操在銅雀台之北建冰井台，儲藏冰塊、煤炭、糧食、食鹽等。

　　三台在十六國及南北朝時均一再整修、擴建。三台以銅雀台最負盛名，歷代文人題詠頗多，如李白：「生前一笑九鼎，魏武何悲銅雀台。」；杜牧：「東風不與周郎便，銅雀春深鎖二喬。」《三國演義》中也提到諸葛亮前往東吳勸周瑜抗曹，謂曹操曾發誓曰：「一願得江東二喬，置之銅雀台，以樂晚年。」在歷史上，銅雀台一直是曹操文治武功的象徵。

　　事實上銅雀台建於赤壁之戰兩年之後，也就是說當年即使曹操赤壁取勝，也沒有銅雀台可以「鎖二喬」。杜牧、羅貫中和蘇東坡寫黃岡赤壁一樣，所述與史實有所偏差。但他們都是飽讀經、史之大師，或為有意，或為誤書，將時空調換，卻都表達了高超的意境。

　　三台因鄴城廢棄，以後失修，加之漳河氾濫，冰井台早已無存，銅雀台僅剩東南角，而金鳳台依然獨存於鄴鎮村之旁。為了配合高陵開發旅遊，金鳳、銅雀兩台也作了整修，開放參觀。

　　我們來到三台遺址，首先見到有幾間平房廟宇，乃是殘剩的銅雀台遺址，但其旁現存的金鳳台為一約二三十米的土丘，上築樓閣。其底部有一條坑道，為古代駐軍及藏物之所。我們進入洞內，只覺清涼無比。出外沿階登上台頂，看到一些南北朝的石雕、只惜多已被破壞成無頭無腦。據說乃是「文革」紅衛兵「除四舊」所為。有一小小展廳展示了建安七子及蔡文姬的塑像等文物，及當時他們在此賦詩、演奏的盛況。出了展廳，放眼瞭望，漳河故道及鄴鎮村盡收眼底，令我遐想、領略了當年金碧輝煌的銅雀三台、江水浩瀚的漳河，以及佔地廣闊、昌盛繁華的鄴城。

尾聲

　　天已見晚，小陳殷情地送我們走過來時的顛簸田間小道，回到107國道。他替我們攬了一輛過路的長途巴士。我們與他道別，回到安陽。

　　此行探訪了曹操高陵、西門豹祠、古鄴城及銅雀台遺址，瞭解了高陵周遭的地貌、西門豹之千古功績、古鄴城之宏大昌盛及銅雀台之輝煌雄偉。也領略了曹操生前雄霸天下和死後而今安在之所。

　　　　　　（原載於《世界周刊》，1393期，2010年11月28-12月4日）

颱風無情、百姓失所

2009年8月8日，台灣發生了重大的颱風災害，南部的單日降雨量超過1000毫米，颱風（Typhoon）期三日的總降雨量高達2900毫米，創台灣歷史降雨最高記錄。使南台灣成為一片汪洋，山洪暴發、河岸潰堤、民宅淹沒、土石流掩埋村落，為台灣五十年一遇的大水災。百姓失所、黎民喪生，令人聞之傷感。

回憶幼時颱風警報

台灣位於太平洋之西，為近東亞大陸亞熱帶地區的前緣島嶼。每年夏秋，由太平洋熱帶濕氣造成威力強大的颱風，向東亞大陸侵襲。台灣首當其衝，經常是颱風襲擊的過道。

還記得我幼年時就經歷了不知多少次「颱風警報」。雨和風是台灣颱風帶來的兩大威脅。台灣高山深谷多，颱風帶來的大量雨水往往造成洪水，傾瀉到沿海平原、盆地，水勢洶湧可怕。就拿台北來說，乃是新店溪、淡水河、基隆河與四面山脈環抱的盆地。原為低窪沼澤，直至清初乾隆年間，人們始逐漸填土開發。當1949年國府遷台時，三條河僅少部分修建了堤防。每當颱風來臨，河水暴漲，新移來的近河居民多遭水淹。而當時地下排水系統未臻完善，城中低窪地區往往也積水成災。

我幼年時住在距新店溪的中正橋不遠，暑假常在溪中游泳。平時溪水緩流，清澈見底，河面僅寬一兩百米，但每當颱風過後，山洪急瀉，新店溪波濤洶湧，水渾而寒，水速每秒好幾米，

河面有似長江大河，寬千米以上。附近百姓房舍淹沒，也常有居民喪生。

台北位於台灣西部，中央山脈遮擋了強風，是以一般由風所造成的災害不及雨大。但也曾有幾次風災不小，特別有一次颱風眼通過台北，風刮了好一陣，居然天晴了個把鐘頭，不久大風與雨又起。颱風過後，大多住家的竹籬笆均倒塌，房頂也多漏水。

中南部與台北情況稍有不同，一方面山高谷深，河道狹窄，加之高山與西南季風往往滯留雲雨，造成持久降雨。我在屏東當兵時，就曾見到下淡水溪的橋樑被洪水沖毀的慘況。也看到颱風過後，四處香蕉樹傾倒，蕉民苦不堪言。像1959年的「八七水災」，就是持續大雨產生山洪暴發，淹沒了中南部許多村落、城市，災情慘重。

這次的「八八水患」與「八七水災」很相似，但雨量遠超過後者，造成的災害也是五十年來最大的。

墨西哥灣與德克薩斯颶風

年少時嚐盡颱風滋味，來美後到德克薩斯州休斯頓（Houston, Texas），大概是與風有緣，三四十年來也沒能躲開風災。德州的「颶風」（Hurricane）和台灣的颱風有許多相似之處，但也有因地之異。

每年夏秋，由大西洋熱帶濕氣造成的氣流謂之颶風，颶風由東向西侵襲美洲大陸。德州位於墨西哥灣的北岸亞熱帶，沿海區域均為地勢平緩的大陸邊緣，不像台灣為高山聳立的島嶼。德州的颶風災害在於「浪、風、雨」三者。而在台灣西部沿海，浪很少造成大害。譬如2005年的克翠娜（Katrina）颶風，就是因大浪

侵襲新奧爾良（New Orleans）內海，以致破堤淹沒了半個新奧爾良城，造成該城一個世紀以來最慘重的災害。

1900年蓋文斯頓慘遭颶風摧毀

1900年，颶風侵襲德州沿海，距休斯頓60英里的門戶港口蓋文斯頓（Galveston）島首當其衝，巨浪將整個蓋文斯頓的房屋搗毀，估計6千到1萬2千人死亡，甚而許多墓場被毀，棺材沖失。

當時有一位由加拿大東北海岸Nova Scotia來蓋文斯頓謀生的人，年老時一直想落葉歸根，但未能如願，只得葬此。這次颶風將他的棺材沖走，漂到汪洋大海中。令人驚奇的乃是一年多後，他老家Nova Scotia的人居然在當地海灘發現了這位先生的棺材和遺體。他總算萬里迢迢回到了日夜思念的故鄉！

每隔二十多年，颶風痛擊休斯頓一次

墨西哥灣與大西洋每年都有不少的颶風。大約每隔二十多年會有一次對休斯頓造成嚴重災害，沒有台灣遭颱風災害的頻繁。

1961年的四級颶風——卡爾拉（Carla）籠罩整個墨西哥灣，帶給休斯頓相當的損失。再下一次的嚴重風災是1983年的三級颶風——愛麗西亞（Alicia）過境。愛麗西亞不是大颶風，但颶風眼穿過市區。我當時已來休斯頓，風暴中還見到短暫的晴天。那次大多人家的圍牆、籬笆倒塌，房頂也大部分受損。

2005年麗塔有驚無險

2005年，五級颶風麗塔（Rita）正對休斯頓及蓋文斯頓而來，風勢為一世紀來最兇猛之一。當時估計，這個颶風帶來的巨

浪將使蓋文斯頓，以及休斯頓東部靠蓋文斯頓海灣的區域全部被海水淹沒。而強風將摧毀大部分房舍的屋頂，也將拔樹、倒牆。另外大雨會淹沒許多河邊及低窪的村落。

有鑒於數月前克翠娜襲擊新奧爾良的慘痛經驗，政府積極督促各區百姓撤往內陸。約2百萬人驚慌地朝內陸疏散。向北面的達拉斯（Dallas）、西面的奧斯丁（Austin）、聖安東尼亞（San Antonio），和向南去墨西哥的高速公路上擠滿了車輛，使得大多的人塞在公路上十多小時，無法動彈。最不幸的是一輛滿載的巴士因故障起火，燒死了幾十個老人。

可能是老天開恩，最後麗塔東移，在距蓋文斯頓六七十英里，德州與路易斯安那州（Louisiana）交界，人煙稀少之處登陸，沒有造成重大災害，休斯頓安然無恙。

2008年艾克施虐休斯頓、蓋文斯頓

2008年艾克（Ike）颶風來襲，這次老天沒放過休斯頓及蓋文斯頓。論風力，這個颶風僅屬二級，並非最大的颶風。但正對德州而來，氣勢兇猛。最後颶風眼在蓋文斯頓島東端，也就是蓋文斯頓海灣出海口登陸，然後沿45號公路直上，掃過休斯頓城商業區（downtown）。休斯頓受災慘重，許多樹倒根拔，牆塌屋漏，學校關閉，大部分區域斷電，有的地方等了好幾個星期才恢復供電，弄得整城百姓叫苦連天。

但與蓋文斯頓相較，休斯頓還不是最慘的。休斯頓大部分的住家位於城中心之西，也就是颶風眼過道的西邊。因北半球的颶風、颱風均為反時鐘方向旋轉，颶風登陸以後，受地面阻力，加之沒有海水蒸發加強風力，在旋轉前進中，風力就會很快消減。

是以在颶風眼西邊的住宅受到的風較東邊緩和。同時這次的雨量也不很大，靠西邊的區域大多沒遭水患，只有少部分低窪地方積水，這是不幸中之大幸。

蓋文斯頓為颶風眼之登陸點，首當其衝。15英尺的巨浪不斷衝擊海堤，掀起一百多英尺高的浪濤，令人見之心寒。所幸巨浪沒有加強到預測可能的20英尺，城區房舍雖大部分被由內海而來的海水侵襲，但大多未被完全摧毀。島上受風強烈，沿岸的商店、旅舍損失慘重。特別是好多海邊釣魚、遊樂的伸展台（Pier）和商店都被風浪一掃而空。有一個五十年歷史，當時為華人經營的海上旅館──Flagship的連岸橋樑被沖斷，大樓也被擊裂。蓋文斯頓滿目瘡痍。

受災最慘的是蓋文斯頓島隔海相望的包勒法半島（Bolivar Peninsula）。該半島位於蓋文斯頓海灣和墨西哥灣之間，原為釣魚、度假勝地，有幾個小鎮，沿海岸佈滿別墅，到處都是販賣釣魚用具及魚餌的商店。因正是Ike颶風登陸點的東方，為風浪最強烈之處。半島上有一條公路，但沒有防波堤，以致大多數的別墅，商店均被掃一空。颶風過後，破碎房屋、車輛、船隻、家畜屍體橫七豎八的堆滿半島。海浪湧進的沙土掩埋了公路及大地。

此次艾克颶風在德州總共造成112人死亡，26人失蹤。其中大部分發生在包勒法半島。

風災過去快一年了，最近我去那裡釣魚，風災的殘跡猶在。當年繁華的小鎮已無蹤影，到處是廢棄的旅社、商店、加油站和堆滿的廢車，斷橋旁昔日人滿為患的釣魚勝地已無人問津。許多人都還住在活動房子裡（Trailer）。幾十英里的半島，找不到幾個加油站，也買不到魚餌。過一小鎮，當地人告訴我：「我們這

死了16個人，還有好多人不見了！」真是滿目蕭條，慘不忍睹。

用登陸點軌跡作預測

　　每當颶風季節，德州的電視台、網站都一直播放颶風路徑的軌跡預測。但風向千變萬化，常會改道。我曾將「軌跡預測」中的「登陸點」隨時間的變化作出軌跡，覺得這是預測颶風最後路徑與各地風勢強弱的好方法。

　　當麗塔向著德州而來的那幾天，我每三小時把「預測登陸點」作一個記錄，由它的變化軌跡來估計最後實際的登陸點。颶風來臨前一兩天，「預測登陸點」一直由西南向東北，也就是蓋文斯頓推進。但如果當時推進的速度不變，我估計麗塔可能越過蓋文斯頓，而在偏東幾十英里處登陸。遂告訴老妻：「看樣子，這次不必擠到公路上去受洋罪！」最後果然颶風在蓋文斯頓偏東六七十英里上岸。

　　去年（2008年）艾克颶風來時，起初情況與麗塔十分相似，「預測登陸點」也是一直由西南向東北的蓋文斯頓推進。在登陸前三十多小時已指著休斯頓正南方的Freeport，而繼續向東北移動。在當時，我估計艾克可能會在蓋文斯頓之東相當一段距離上岸。那天夜裡，「預測登陸點」已正指蓋文斯頓東端，也就是蓋文斯頓海灣出海口。我一夜沒睡，發現六個小時內，「預測登陸點」沒有任何變化，還是指著蓋文斯頓東端。我叫醒老妻，對她說：「不好了！看樣子，這次老天要向我們休斯頓及蓋文斯頓人發點威了！」以後的十八個小時，艾克的「預測登陸點」一點也沒有改變，它正對著蓋文斯頓東端，氣勢洶洶地，終於來了！

一雷破九颱、言不虛傳

另外我願與讀者分享的乃是，台灣人和老廣都說：「一雷破九颱。」我這一生遇過很多的颱風、颶風，的確從來沒有在它們來臨之際，聽到、看到雷電的。

1980年，原為五級颶風的艾倫（Allen），對準蓋文斯頓及休斯頓，來勢兇猛。全市緊急戒備，提早下班，家家釘板封窗，公路上也擠滿了疏散的車輛。當我在做防風準備時，突然天上打了一聲響雷。過了幾小時後，電視氣象報告說，颶風開始轉向，最後去了德州與墨西哥的邊界。

另外在2005年，颶風麗塔可能來休斯頓的前夕，我忽然看到天空一索閃電，當時就對老妻說：「難道又是一雷破九颱嗎？」後來也真躲過一場災難。「一雷破九颱」的說法，洋人不知道，但究竟有多準？道理何在？愚見以為主要是颱（颶）風不易聚電而產生激烈中和的緣故。其深究，還得請氣象、物理學家多作一些研究。

風雨難不倒台灣、德州人民

颱風雖然可怕，風雨總無情，但是島民重建的意志是令人佩服的。最近我去包勒法半島，房舍固然所剩無幾，卻見到許多人在忙碌工作，一些在海邊孤零零倖存的別墅正在整修，也添加了幾許新建的別墅及商店。居然還新建了一個木材廠，可見人們重建家園是老天都無法阻擋的。

年幼時，據說每當颱風來臨前夕，蔣介石都要向上帝祈禱，願能減低災害，保佑眾生。去年八八水患時全台軍民努力搶救

災區，令人佩服。海內外華人也都積極捐款救災。風雨難不倒台灣的百姓。此次災後的重建也正如同2008年大陸重建四川震區一樣，令人感動而振奮。

▌北京花卉市場

據最近《人民日報》報導，2008年中國全國花卉銷售總額高達666.9億人民幣（約100億美金），其中出口為4億美金，產業規模居世界第一位。近幾年的金融危機對中國的花卉市場的影響並不大，顯示了花卉產業面臨更好的機遇及未來發展的潛力。

中國的花卉繽紛惹人愛，中國有13億人口，隨著生活水準的提高，愛花，買花的人越來越多。

花卉市場　熙熙攘攘　百花綻放

就拿我來說，在北京多年，離開後，最令我懷念之一的乃是北京的花卉市場。無論春暖秋寒，清晨早起，我經常沿著亮馬河，漫步到燕莎橋邊或女人街的花卉市場去逛逛。破曉時分，早市上熙熙攘攘，勤勞的花販們已擺出彩色繽紛，種類繁多，價廉物美的花卉。我總是挑選當天最搶眼的一兩束買回去獻給老妻。放在家裏，滿室芬香，清雅宜人。幾年下來，我也漸漸地培養出賞花的雅趣。

在北京花卉市場裏百花綻放，花種之多，不可勝數。其中最暢銷，而也是一年四季不斷的乃是由雲南空運來的百合花，白的、粉紅的，還有黃色的，豔麗芬芳，經久不謝。買到好的，在家裏可放兩星期之久。一般二十朵一束大約三十到六十塊人民幣就可買到。其次是玫瑰與月季，紅色、粉紅色、黃色、白色等等，花朵大小不一，爭奇鬥豔，美不勝收。普通一束便宜的十

塊，貴的頂多二三十塊。主要差別在於保持期限，短的只有兩三天就凋謝了，好的可耐到十天。再次多的是康乃馨，是最價廉物美的好花，一束只要七到十塊錢。紅、黃、紫、粉紅及雜色，各種各樣，嬌姿婀娜，芳意幽深，擺在家裏，兩週不謝。

幾大名花俱全

菊花是中國原產，「採菊東籬下，悠然見南山」，當年陶淵明的飄逸灑脫都讓菊花點盡了。菊花主色為黃色與橘色，但變種也很多，白、紫、粉紅等各形各色，價格便宜，放養期由幾天到兩週不等。還有蘭花也是中國的古典名花。「春蘭如美人，不採羞自獻」，蘇東坡把蘭花說「活」了。插的蘭花與種的蘭花有些差別，插的支持不久，但放在室內非常雅致，價格也不太貴。種植的蘭花沒有時限，種類繁多，但價格昂貴。此外鬱金香較難買到，多是由雲南運來，紅、黃各色，娉婷自立，獨妍驕豔，價格不貴，保存期卻也不長。

中國原產的幾大名花：寒梅凝香傲雪，獨佔上香；牡丹豐韻嬌嬈，豔冠群芳；杜鵑姹紫嫣紅，爛漫爭春；荷花亭亭出水，濃淡相宜；還有「桂子月中落，天香雲外飄」的桂花；「凌波仙子，水上盈盈」的水仙花；和「純白爛紅，飄香送豔」的山茶。這些花季期短，但逢上時節也都能在花卉市場見到。

無名野花如珠、如玉、似羽、似蝶，五顏六色，千姿百態

除了以上這許多名花之外，最可貴的乃是經常可以見到，卻不知其名的野花，如珠、如玉、似羽、似蝶，五顏六色，千姿百態，非常可愛。我經常買一些回家，細細觀賞幾天，但總記不清

它們的名字。這些無名好花，真是「俏也不爭春，只把春來報，待到山花爛漫時，她在叢中笑」，至今還留給老妻與我，韻味無窮的回憶。

（原載於《世界日報》上下古今版，2009年6月20-21日）

拓古篇

作為一個臺灣人應該去看《賽德克·巴萊》，因為它述說了值得臺灣驕傲的歷史；作為一個中國人也應該去看《賽德克·巴萊》，因為它標誌了中國光榮、神聖抗戰的序幕；世界上任何一個國家的人都應該去看《賽德克·巴萊》，因為它闡揚了人類歷史上追求正義的光輝主題。

《賽德克·巴萊》是臺灣的驕傲、中國的光榮！

▎輝煌、衰落、悲慘的吳哥窟

　　吳哥窟（Angkor Wat）名滿天下，古城、廟宇宏偉壯麗。書籍、電視報導得繪聲繪影，均謂千古廢墟「掩沒」於叢林之中許多世紀，一百多年前始為西方人「發現」；但許多西方人一直搞不清楚這些金璧輝煌的建築當年為何被遺棄？那些居民到那去了？使得吳哥窟的故事成為世界幾大「神秘的歷史疑案」之一。吳哥窟令我一直嚮往。2009年秋，我與老妻由臺北飛去那裏，倘佯多日，才深深感到吳哥窟的確是一個人類文化的瑰寶。同時也知道西方人對東方文物、歷史知識的欠缺。事實上吳哥窟並沒有什麼「神秘」，而它只是走過了輝煌，衰落及悲慘的歲月！

旅途

　　我們清晨由臺北起飛，飛了一陣發現飛機有故障，乃折回。等了一兩小時再換機凌空，又碰到南中國海有個小颱風，遂向南繞道菲律賓上空而行。是以三度見到台灣南角的鵝鑾鼻與貓鼻頭，美麗非凡。下午我們降落在暹粒（Siem Reap）機場，見到導遊。我們這個團只有四個人，行動迅速、交談方便，令我們的旅途十分愉快。

今日吳哥

　　我們到旅館稍作休息，就隨導遊搭車經過城區去洞里薩湖（金邊湖）水鄉觀賞。暹粒省為柬埔寨（Cambodia）最大的幾省

之一，人口約87萬，但沒有高速公路，其省會暹粒市也沒有公共汽車。在街上有許多小型的麵包車，擠滿乘客，這些「嘟嘟車」成為市民的主要交通工具。導遊告訴我們，柬埔寨沒有醫藥保險制度，生了病，得自己花全費看醫生，是以大多人從來不看病；也沒有退休制度，一般人退休後就沒有收入，生活十分艱難。聽了這些，使我覺得今日的柬埔寨是個「鰥寡孤獨廢疾」皆沒人管的國家。

洞里薩湖（Tonle Sap）水上人家

我們離開城區，向南走了不遠就到了洞里薩湖。這是東南亞最大的淡水湖，與湄公河連通，每年6～11月雨季來臨，湄公河上游水勢盛大，湖水高漲，湖的面積高達約一萬平方公里。到了12～5月的旱季，湖面收縮到僅六千多平方公里。

首先我們見到湖邊許多簡陋的房舍，在那我們搭上小船，向湖中駛去。見到水中有很多樹叢。導遊告訴我們當時為雨季，湖水高漲淹沒樹叢。水上人家都遷到樹叢旁。但到了旱季，湖水將下降十多米，樹叢都立於陸地，所有的水上人家就要遷到湖水較深的中部。

這些水上人家一生都生活在水上的木造船屋。大型的船屋有的是雜貨店、餐館、加油站、學校等，正如一個小鎮。居民主要以捕魚為生，同時也在船上養豬、種菜。水上大大小小船隻來往不絕，有划小舟賣紀念品，也有小孩坐在盆子裏划來划去，賣冷飲及小蛇。導遊說這一帶有許多水上人家是從越南避難來此的，此地生活雖十分艱苦，但「苛政猛於虎」，總比在越南受政治壓迫好。另外這裏也沒有颱風，洪水及地震。

高棉文化源遠流長

回到市區，我們見到許多水果攤。這裏十月的天氣熱得令我一直是滿身大汗，但也正因如此，此地的水果奇多，鳳梨、榴槤、紅毛丹、山竹是主要特產。晚間去一個餐館晚餐，當地的風味十分可口。觀賞了一場柬埔寨舞蹈，表演了高棉古老神話傳說、開天闢地及兒女情長的故事。

吳哥窟（Angkor Wat）之名，Angkor來自梵語中的Nagara，意為「都市、建築」，而Wat則是柬埔寨文的「廟宇」。一百多年前，西方人「發現」了吳哥窟，同時對這裏以往「遺失」的文化感到十分驚奇。事實上高棉文化源遠流長。據考證，高棉族（Khmer）人民在新石器時代就定居於此。這一帶平原廣闊，又無颱風、地震，湄公河定期水漲水落，利於農作，加之有面積廣大的洞里薩湖，造成一個難得的魚米之鄉。幾千年來，高棉人一直在此生息繁衍。事實上吳哥窟從來沒有被叢林完全「覆蓋」，那裏的人們也從來沒有「消失」。自然也談不上「神秘」與被「發現」。有位作家說的好，吳哥窟曾經歷了「The Good, The Bad, and The Ugly。」的確，吳哥窟有過輝煌，走入衰落，又經歷了悲慘的歲月！

輝煌的真臘古國

中國的史冊上，最早在《後漢書》就有柬埔寨的記載，當時稱為「究不事」。《隋書》稱其為「真臘」，唐書、宋史、元史、明史都單列記載，直到明末始稱柬埔寨。元初忽必烈三伐安南均失敗，未能征服中南半島的安南、占城與真臘。公元1296

年，元成宗派遣周達觀出使真臘。周與其使節團在吳哥住了一年，回國後寫了《真臘風土記》，詳細地記載了真臘的宮室、廟宇、宗教、政治與人民生活。其後航海家汪大淵於元代中葉（1330～1339年）兩度從泉州出海，遍遊南洋、中東、非洲，途經真臘，寫下《島夷志》，其中道：「皆身所遊焉，耳目所親見，傳說之事則不載焉，……真臘有唐人，桑香佛舍。」描述了當時柬埔寨的國富民安與高度文化。

公元1世紀時，這裏為「扶南國」統治，與印度、中國通商，但受印度文化影響甚深。百姓最早信婆羅門教，後演化成印度教。印度教源於古印度韋陀教及婆羅門教，形成於公元第8世紀，它是綜合幾種宗教，主要是婆羅門教和佛教而產生。信仰梵，具有造業、因果報和輪迴的觀點，並吸收了佛教禁慾的主張。印度教信仰多神，但在多神中以梵天（Brahma）、毗濕拏（Vishnu）、濕婆（Shiva）三神為主神。梵天是主管創造世界之神；毗濕拏是主管保護世界之神；在三個主神中，濕婆是最廣受崇拜的大神，它的基本象徵是男性生殖器，代表生殖與毀滅、創造與破壞、再生的幾重性格，為「色界」之頂，三千界之王。

直到第7世紀中葉，真臘崛起滅扶南。其後真臘分裂為南方的水真臘及北方的陸真臘兩部。到第9世紀初（802年），Jayavarman II稱王，統一全真臘，在今日的暹粒城之東南13公里的Hariharalaya（今Roluos Group）築皇宮、廟宇，建都於此。他篤信印度教，與古埃及法老及西藏黃教相似，自稱「宇宙之王」，推行政教合一。其後Indravarman I建神牛寺（Preah Ko）及巴孔寺（Bakong）。

到了第9世紀末，Yasovarman I將都城遷到今日暹粒城之北五、六公里的地方，開始在巴肯山丘建神廟Phnom Bakheng，供奉濕婆神（Shiva），在其東建造東大人工湖（East Baray）為城市蓄水庫。並在其中心建東梅逢寺（East Mebon）。這就是今日所謂的「大環圈神殿群」所在。

第10世紀，Rajendravarman II繼續擴建大環圈神殿群，並在北方約20公里處建女皇宮（Banteay Srei）。其後擴建工作進行了約100年。

第11世紀中Udayadityavarman II開始營造大吳哥城（Angkor Thom），完成巴本宮（Baphuon）、西大人工湖（West Baray）及西梅逢寺（West Mebon）。

到了12世紀初，Suryavarman II在大吳哥城之南建小吳哥窟（Angkor Wat），也就是今日保存最完整，最具代表性的寺廟群。當時真臘的版圖包括今日柬埔寨全境、泰國、寮國、越南的一部分，以及緬甸邊境和馬來西亞半島北部地方，是東南亞最大的王國。

Suryavarman II去世後，真臘受到西面崛起的暹羅（今泰國）侵入，國都於1177年被攻陷，慘遭破壞。所幸Jayavarman VII率軍奮戰，收復京城。他於1181年登基，在位39年，重建修復都城、寺廟，並新建巴戎廟（Bayon）。更重要的乃是他信奉佛教，遂帶導全國百姓將國教由印度教轉變為佛教，各寺廟中許多印度神像也改為佛像。但因佛教與印度教有長久互為影響的關係，許多印度教神像及雕刻都能保存下來，而沒有發生像在新疆回教取代佛教，及在伊斯坦堡（Istanbul）回教取代基督教過程中所做的破壞。第13世紀，吳哥窟進行了大量的修復，但其後暹羅及越南均

一再入侵。到了1430年，暹羅再度攻陷吳哥。高棉人考慮到吳哥的地理位置距暹羅太近，又無險可守。金邊遠離暹羅，北有洞里薩湖，西有大海以為屏障，利於防守。加之當時與中國貿易，海運興起，柬埔寨商業的重要性逐漸超過了農業，而吳哥的航運遠不及位於湄公河畔的金邊，高棉人遂將國都遷往金邊。皇室及大批的人民遷走後，宮殿廢棄、廟宇失修、水渠堵塞，（註；近日有某人由衛星照相——Satellite Image所示，提出吳哥窟乃因環保破壞而被拋棄之理論。此乃罔顧史實，倒果為因之說。）600多年輝煌的吳哥文化乃成為歷史的風塵。

衰落、悲慘的吳哥窟

自1430年真臘都城遷往金邊後，吳哥地區乃進入衰落狀態。其後柬埔寨因國力薄弱，物產有限，地理位置相對閉塞，經濟落後，同時一直受到暹羅及越南的侵擾。第19世紀，西力東漸，法國人染指中南半島，乘英法聯軍侵犯中國之後，於1863年強佔柬埔寨。但當時法國在歐洲勢力衰退，自顧不暇。在統治柬埔寨的七八十年中，執行殖民統治，對柬埔寨人民壓制，沒有進行應有的社會建設，使得柬埔寨更加落後，民生十分困苦。更談不上開發及保護古老文物了。

1940年，日本人攻佔柬埔寨，五年之間只顧掠奪，使柬埔寨由衰退進入悲慘時期。1953年，柬埔寨獨立，西哈努克希能保持中立，但與中國、北越和好。1970年3月，美國發動朗諾（Lon Nol）集團政變，趕走西哈努克。接著在5月，美國將越戰推進柬埔寨，進攻、轟炸其境內的「胡志明小徑」。柬埔寨人民飽嘗戰火，生民塗炭。

　　1975年4月，在波爾布特（Pol Pot）領導下的柬埔寨共產黨攻入金邊。在其統治的四年裏倒行逆施，造成全國總人口五分之一，近兩百萬人死於饑餓、疾病、勞役及迫害。這是二十世紀人類最血腥、淒慘的悲劇之一。昔日六個多世紀輝煌的吳哥文化走入最黑暗、悲慘的時期，柬埔寨人民的遭遇舉世傷痛。所幸波爾布特政權於1979年瓦解。現柬埔寨猶在逐步重建中。

最古老的羅洛士遺址群（Roluos Group）

　　我們隨著導遊，先到最早在第9世紀建的吳哥遺址——羅洛士（Roluos Group）。那裏的神牛寺（Preah Ko）有六個石塔，部分已倒塌。其外有兩層圍牆，牆上的雕刻十分精細，但多已殘破。巴孔寺（Bakong）是Indravarman I時的國寺，有五層階梯平臺。其頂層有一高塔，祭祀濕婆神（Shiva）。羅來寺（Lolei）是在巴孔寺正北的一個單獨的寺廟。這三個廟宇牆上都刻有非常精緻的印度教神像、獅子、大蛇。藝術水平很高，只是大多殘破，地基傾斜，建築倒塌。

大環圈神殿群與如巨蟒的大木棉樹

　　我們到大環圈神殿群，見到東梅逢寺（East Mebon），乃是當時吳哥王朝歷代國王祭祖之祭壇。比拉寺（Pre Rup）是皇族火花之神殿，為印度教舉行喪葬儀式之處。涅槃宮（Neak Pean）原是在水中央的一個小神廟，曾作為醫院。當時的人相信此處聖水能治百病。達松將軍廟（Ta Som）是祭祀戰勝占婆族入侵的達松將軍。寶劍寺（Preah Khan）為保存國王寶劍及殺俘虜的占婆國王之處。達高寺（Ta Keo）面對當年的城市蓄水庫——東大人

工湖（East Baray），是供奉濕婆神的神廟。班蒂喀黛（Banteay Kdei）是國王和皇后在其旁的皇家浴池（Sras Srang）游泳後休息的地方，幽雅玲瓏。

荳蔻寺（Prasat Kravan）是少有的紅磚建築，由三座塔組成，其壁上有吉祥天女的雕像，為印度教美麗與幸運的象徵。雕刻細膩生動，藝術水平極高。塔普倫廟（Ta Prohm）是第12世紀建的皇家修道院，祭祀幾百個神，也紀念Jayavarman VII的母親。這裏最奇特的乃是廟宇建築被木棉樹（Kapok）和無花果樹（Fig）的樹根如巨蟒盤纏，地基傾斜，屋宇歪踢，蔚為奇觀。電影《古墓奇兵》（Tomb Raider）特別選這裏拍此奇景。

精緻細膩的女皇宮（Banteay Srei）

我們離開大環圈神殿群，向北行約20公里到了女皇宮（Banteay Srei），這是一個第10世紀末為祭祀濕婆神而建的神廟。全部用粉紅色岩石築成，門楣、石壁、窗櫺都雕刻了許多印度教的神話故事，線條柔美，精緻細膩，有「吳哥藝術之鑽」之稱，為極上品的藝術創作。

大吳哥城（Angor Thom）與高棉的微笑

黃昏時分，我們走了二十多分鐘登上大吳哥城之南的巴肯山（Phnom Bakheng）。這裏是吳哥遺址中的最高點，也是觀看日落的最佳勝地。山頂上建有高60多米，階梯金字塔型的廟宇。我們到那兒見到擠滿幾百成千的旅客。大家爬階而上塔頂的平臺。吳哥全景及遠處洞里薩湖盡收眼底。夕陽西下，景色綺麗。這裏是吳哥遺址中最重要幾處之一，名片《古墓奇兵》也曾在此拍攝。

　　在大吳哥城的南門進口有一座石橋。橋的兩側各有54個尊者與阿修羅雙手合力拉扯七頭巨龍的石雕，描述印度教中「乳海翻騰、萬物誕生」的故事。雕刻栩栩如生，做功高雅。南城門上有四面雕刻的Jayavarman VII頭像。

　　《明史》上有大吳哥城的記載：「其國城隍周七十餘里，幅員廣數千里。國中有金塔、金橋、殿宇三十餘所。」我們進入城內的巴戎廟（Bayon），即今有名的「高棉的微笑」。乃是由49座寶塔組成，每座塔上都有象徵眼觀四方、耳聽八方的Jayavarman VII四面微笑頭像，眉宇軒昂、嚴唇慈祥、氣質高雅，表露了吳哥王朝盛世時期的國泰民安。這應是吳哥遺址最值得流連的景點之一。巴本宮（Baphuon）建於第11世紀，當時為面積最大，塔身最高的神廟。中國元代周達觀在其《真臘風土記》中曾記載：「比金塔更高，望之鬱然。」空中宮殿（Phimeanakas）乃是《真臘風土記》中所說的「金塔」，為當時皇城的聖廟。皇宮（Royal Palace）完成於第13世紀，由於戰亂、風化，木造房宇早已無存，現有遺址只剩兩個浴池及一些殘垣碎瓦。

　　我們登上鬥象台（The Elephant Terrace），這裏是國王舉行慶典、閱兵之處。宋史載：「戰象二十萬、國土七千里。」可見當時吳哥王朝之強盛。鬥象台旁為法院（Terrace of the Leper King），內有古代判官及麻瘋王的雕像。對面的十二生肖塔（Prasats Suor Prat）由12個塔組成，為古代拘留、審判犯人之所，也有人說是賣藝走鋼索的地方。

金碧輝煌的小吳哥皇城（Angkor Wat）

　　小吳哥皇城是吳哥遺址中最輝煌、壯麗，也是保存最好的吳哥建築群，標誌了高棉古代建築的高度藝術水平。它的佈局有點像北京的紫禁城，完整、諧和，四周由一個東西長1500米、南北寬1350米的長方形的護城河圍繞，護城河寬約190米。這小吳哥皇城從來沒有世間傳聞的被「叢林掩沒」。

　　此城有東、西兩個大門。主門為西門，由一條長200米、寬12米的石橋與外聯通。元代汪大淵在其《島夷志》中描述：「鑲金石橋四十餘丈」，可見當時小吳哥正門的輝煌景況。走完長橋，還有幾十米引道才進入東西長1025米、南北寬802米，高4.5米的淺紅色圍牆。在圍牆正中有三座寬大可供大象通過的塔門，稱為「象門」。塔門之間有兩排佈滿石柱的畫廊，畫廊兩側刻有飛天女神、武士、舞女的浮雕。過了正中的塔門則是一條長350米、寬9.5米的石砌大道通到中心的寺廟。大道邊上有許多大型的眼鏡蛇保護神像，其兩旁為廣場。

　　中心寺廟由三層長方形的迴廊堆疊而成。正中聳立著五座寶塔，象徵佛教小千世界中央的須彌山。底層迴廊東西長200米、寬190米，有四座塔門和八座廊門。外側有兩排方石柱，內側牆壁排列了八幅巨型浮雕，每幅長約120米，高2米多。其上刻繪了印度史詩《羅摩衍那》、《摩訶婆羅多》神話故事及傳說、戰爭、人物、動物、植物等等，記事繁多，細膩生動。這是一套文化、藝術的珍寶。第二層須彌座東西長115米，南北寬100米，壁上有許多葫蘆形窗櫺和天神浮雕。四角各有一座塔門，只惜大部分已破損、倒塌。第三層須彌座有一座高12米，兩階的金字塔台

基。其頂部為一60平方米的畫廊,四角各有一塔,正中為高42米的主塔。主塔最早供奉印度教毘濕奴神(保護神——Vishnu),後改為釋迦牟尼佛像。

我們曾兩度去小吳哥遊覽。第一次正逢雨後,陽光普照,在圍牆內流連了兩個多小時。當日旅客絡繹不絕,該區的導遊為我們一一講解建築及壁雕刻的原委,使我們對小吳哥的藝術水平及高棉豐富的古文化驚歎不已。第二次是前來此地觀賞日出。天未破曉,西大橋上已擠滿遊客,大家都在黑暗中等待黎明。當旭光初現,映照著小吳哥的樓宇高塔,令人有「瓊樓依舊在、幾度朝陽紅」之感,激起千百個遊客對小吳哥過往的輝煌及雄偉的藝術造就難忘的留戀。

消失與發現

吳哥經歷六百多年的興盛走向衰落,正如同中國晉陽、鄴城和許多世界各地的文明古城,成了「吳宮花草埋幽徑,晉代衣冠成古丘」,逐漸被世人所遺忘。

近一百多年直到今日,極大多數的書籍、傳媒均報導吳哥窟在歷史上的「消失」,以及又被「發現」。事實上這都是歐洲人的本位主義和昧於東方歷史、文化的錯誤之言。吳哥的導遊及許多當地人再三地告訴筆者:「我們吳哥從來沒有消失過!吳哥遺址也從來沒有全被叢林覆蓋!小吳哥一直有人看守,也一直為我們祈拜之所!」

西元1861年,法國生物學家與探險家Henri Mouhot來到吳哥,在此逗留多日,驚歎於吳哥遺址之宏偉。隨後他寫下一份手稿,其中敘述:「此地廟宇之宏偉遠勝希臘、羅馬留給我們的一

切！」只惜他於次年就病逝了。兩年後（1863年），他的兄弟將其手稿在巴黎、倫敦發表，引起了西方人的注意。但吳哥遺址沒有像馬丘比丘（Machu Picchu）一樣的幸運，能有史學家Hiram Bingham那樣精通歷史，深深瞭解馬丘比丘文物的價值，同時立即向耶魯大學及國家地理雜誌協會（The National Geographic Society）申請到大批經費，得以有系統地清理及研究，使馬丘比丘遺址保修完好，而聞名天下。加之當時法國國力有限，無力開發、保護柬埔寨的文物，使吳哥遺址長期荒廢、不斷破損。二戰開始後，柬埔寨經歷了悲慘的歲月，吳哥窟在戰火、荒煙中與世隔絕，更增加了許多「神秘」。近幾十年來，吳哥窟重現於世界，每年均有大批的觀光客及研究者前往參觀。聯合國及各國也給予支援，但杯水車薪，吳哥窟的維護及修整工作未能達到基本的要求。未來吳哥窟的保存猶是令人擔憂的問題。

總結

總的來說，吳哥遺址佔地廣闊，規模宏大，令人難以一覽無遺。其中金碧輝煌、完整諧和的小吳哥；氣質高雅、號稱「高棉的微笑」的巴戎廟；登高見古剎、觀日落的巴肯山；雕刻做功高雅、栩栩如生的大吳哥石橋；以及被木棉樹有如巨蟒盤纏的塔普倫廟，乃是最值得留連的幾處盛景。吳哥窟建築、雕刻的藝術水平不凡，同時保留了吳哥六百多年盛世中的人文風情，特別是囊括了兩個宗教——印度教與佛教的精髓。其文物的價值遠超於秘魯印加（Inca）的馬丘比丘和墨西哥瑪雅（Maya）文化的奇琴伊察（Chichen Itza）。只惜吳哥輝煌之後，走入衰落，近代遭逢悲慘的歲月。但吳哥從來沒有消失，那裏的子民一直在伴隨、守

護、膜拜著它。如今吳哥窟成為舉世矚目的文物景點，人們都希
望吳哥遺址能被善為維護，為東方文化留下一個珍貴的瑰寶。

（原載於《世界周刊》，1435期，2011年9月18-24日）

尤卡坦半島瑪雅文明

尤卡坦半島（Yucatan）是美洲最早文明之一的瑪雅文明所在。那裏南連中美地峽（Isthmus），與美國僅一水之隔。因交通便利，吸引了大批遊客，前往享受那裏陽光普照的海天風光，觀賞令人稱奇的瑪雅（Maya）遺址，探索美洲早期文明。我與老妻曾三度前往尤卡坦半島，卻僅涉及一隅，總覺意猶未盡。

Progreso與Chicxulub

2007年春，我們由德州Galveston港乘遊輪前往尤卡坦。墨西哥灣風平浪靜，一天航行後抵達Progreso。Progreso為一旅遊小城，由此可前往許多瑪雅遺址。距該城僅六公里處有個小漁村——Chicxulub，瑪雅語為「魔鬼之尾」。這個小村看來雖不起眼，但在地球的歷史中，卻曾在此發生了一起「驚天動地」的大事。據科學家研究，約6500萬年前，天上有一個直徑約十公里的流星（隕石）在這小村的海邊著地，撞擊地面產生了一個直徑145～180公里的大坑（Crater），同時激起巨大的爆炸和海嘯。其煙霧長期彌漫全球，影響到整個世界的生態。科學家推論這次隕石撞擊使得在世間生存一兩億年的恐龍及其他許多物種從此滅種、絕跡。如今在Chicxulub已見不到任何隕石撞擊的痕跡，六千多萬年前的隕石坑早已被一千多米的沉積覆蓋。只是在地層下發現一層地球上少有的銥（Iridium），留下這來自太空「異客」之物證。Chicxulub的故事，其規模之巨大及時間之久遠可謂「滄海桑田」的最佳實例。

燦爛的美洲早期文明——瑪雅

我們由Progreso搭車去了Chichen Itza，旅途中也去了Tulum及在Belize的Altun Ha兩處瑪雅遺址。

美洲的原住民乃是在一萬多年前的上個冰河時期由東北亞洲渡過冰封的白令海峽來到美洲，逐漸散居南北美洲各地。因為與歐亞非大陸隔絕，加之沒有牛、馬，行動、運輸不便，其文明發展較慢。但美洲的先民培育出玉米、馬鈴薯、蕃茄、辣椒幾種當今人類的主要農作。美洲最早的文明是公元前1400～400年在墨西哥南部，位於墨西哥海灣旁的Olmec文明。現今發現許多遺下的大石頭人像及石雕。

瑪雅文明是美洲在哥倫布發現新大陸之前最燦爛，最早的文明之一。瑪雅人原居住在墨西哥北部（也有一說在中美洲山地），於公元前兩千多年乘獨木舟遷移向南，在Panuco河及Terminos Lagoon一帶定居十多世紀。公元前10世紀，他們又開始遷移，漁獵而居無定所。其中先有Chontal及Itza兩支瑪雅人到了瓜地馬拉（Guatemala）與尤卡坦半島（Yucatan）。公元4世紀初，大多的瑪雅部落最終與Chuntal、Itza匯合，主要在當今瓜地馬拉的El Peten一帶定居。受到Olmec文明的影響，瑪雅人製作陶器，並進行火耕農作。但因火耕不能固定持續長久耕種，逐漸散居，發展出許多各自零散、獨立的城邦（City-State）。

瑪雅文明從西元4世紀初到10世紀初謂之古典期（Classic Period），此間瑪雅文化廣布發展，建立了Tike、Palenque、Copan、Chichen Itza等許多城邦，但到第9世紀一些城邦逐漸衰落，公元10世紀時全被廢棄。經過半個世紀的沉淪，瑪雅人與侵入的Toltec人

融合，建立了注入新血的Maya-Toltec文明，在Uxmal、Mayapan和Chichen Itza幾處重建城邦，並建立聯盟，進入後古典期（Post Classic Period）。濱臨墨西哥灣的Tulum城也就是在這個時期建造。

從13世紀初開始，由於聯盟破裂，各城邦之間不斷爭戰，瑪雅文明再度走向衰退。1511年，西班牙人來到尤卡坦半島，Francisco De Montejo於1527年佔領Cozumel島，瑪雅人英勇抵抗了三四十年，終於在1548年全被征服。西班牙人對瑪雅文明大力破壞，使之成為歷史塵埃。

象徵瑪雅文化的Chichen Itza

我曾三度前往Chichen Itza，這個遺址建於第10世紀的後古典期，是頗具規模的建築群。其中心為祭太陽神（羽蛇神）的金字塔（Kukulkan's或El Castillo Pyramid）。底部為60米正方，高為24米，有九層平臺，頂部為一高6米的方形神廟。塔的四面各有91階石階，加上頂部神廟的一階，則共為365階，正好是一年的日數。四周有52塊雕刻石板，表示瑪雅曆法中52年為一輪迴。每年3月20/21日的春分（Vernal Equinox）和9月22/23日的秋分（Autumnal Equinox）下午三點鐘，太陽光正好照滿金字塔西側的兩面臺階，邊牆上形成七段等腰三角形，與底部的蛇頭雕刻形成一條巨蛇由塔頂向地下爬行，稱為「光影蛇形」（The Symbolic Descent of Kukulkan，或The Feathered Serpent）。這個金字塔表露了瑪雅人在天文、數學及建築方面的高度水平。

金字塔的四周為一草原廣場，旁邊有一「球場」（Ball Court），長168米、寬70米，為瑪雅人進行足球賽的地方。在兩

邊的牆上各有一幾米高的石刻圓圈。賽球時的雙方都爭著把球踢進圓圈之中。因為不能用手，看來要進一球真不太容易。據推測球賽得勝一方的隊長於賽完後就被殉葬祭神。這在當時是一種至高的榮譽。

建築群中尚有豹廟（Temple of the Jaguars）、武士廟（Temple of the Warriors）、北神廟（Temple of the North）及南神廟（Temple of the South）等祭祀廟宇。

天文臺建於一平臺之上，與現代的天文臺頗為相似，為瑪雅人觀天文、定時節的測候所。瑪雅人觀察日、月及五大行星已非常準確，能測出日、月蝕及找出行星公轉週期，並訂立日曆，其準確程度與現代的觀察，一年只差千分之一天。

遺址中有一個「聖井」（The Sacred Well），是瑪雅人用來祭祀雨神（God of Rain）之處。尤卡坦半島少有河流，但因地層多為裂縫型石灰岩，其中有大量的地下泉水。瑪雅人的農業及生活所需均仰仗於這些泉水。

另外我們在遺址裏見到許多瑪雅人的圖案文字，這是如今唯一發現的早期美洲文字。瑪雅的建築、雕刻繁多、精美，表現他們很高的藝術水平。

Tulum與Cozumel

我們到Cozumel，這裏是墨西哥灣中的一個島嶼，有許多美麗的沙灘，吸引了眾多喜好潛水及水上活動的遊客。

我們乘船到尤卡坦半島海濱去參觀Tulum遺址。Tulum建於12到16世紀之間的後古典期。當時為一個三面圍牆、一面臨海的城市。城中居住了貴族、僧侶等統治階級，及中等階級的技術人

員、政府助手，以及低層社會的農夫、漁夫及獵戶。這是一個非常美麗、龐大的古城。其主要建築為位於海邊懸崖上的古堡（The Castle），其上有幾個廟宇，祭祀風神、海神、月神、織神、產嬰神、雨神（Chaac）、下凡神（The Descending God）及造物神（Itzamna）等，是當時此地最重要的宗教與城市集會場所。其下有一串白沙灘，與淺藍的海水相映，美麗非凡。

導遊告訴我們，瑪雅人沒有牛、羊、馬之類的大型陸上動物，肉食的重要來源是海產，魚蝦，而大型的海牛（Manatee）常被捕作為食物。另外蜥蜴（Iguana）也是他們喜愛的食物，我們在Tulum及Chichen Itza都見到很大的蜥蜴在景區的草地爬行。

遺址中有許多大大小小的寺廟、守望台、天文臺、住戶及焚屍場。由此可瞭解當年瑪雅人生活、宗教、科技、軍事及喪葬的情況。海邊有一處古代碼頭的遺址，由此可見當時這裏是商業、貿易的重要港口。美洲古代沒有牛、馬這兩種大型動物，陸上交通、運輸不太方便，甚至沒有發展出車輪的應用。是以海運成為最重要及有效的交通、運輸途徑。尤卡坦半島及瓜地瑪拉居於南、北美之中，東臨墨西哥灣、加勒比海，西靠太平洋，北接北美，南連中、南美。在古代這裏成為美洲商業、貿易的要道，同時也是文化交流的中樞。瑪雅人掌握了最多、最及時的資訊，得以發展出當時美洲最先進的文明。只惜其後被西班牙人極力摧殘，許多文物已蕩然無存，技術也早已失傳。

伯里茲（Belize）

位於尤卡坦半島東南部的伯里茲原為英屬，現為一僅28萬人口的小國。國內有熱帶林、珊瑚礁及海灘。旅遊事業正在發展

中，我們在那見到許多人去潛水、釣魚，也在城裏見到掛青天白
日滿地紅的台灣中華民國大使館。伯里茲是如今與台灣有邦交的
少數國家之一。許多台灣人來此投資與做生意，對此地的經濟頗
有貢獻。

　　我們去參觀了Altun Ha遺址。據考古學家考證，公元前2世紀
瑪雅人就來到此地居住。在此生活了一千多年。到10世紀時這裏
的人口達到約一萬人，成為一個貿易及祭祀的中心。其後這裏逐
漸衰退，12世紀時曾又稍為繁榮。但後來再度衰退成為一個不為
外人所知的小農村。直到上世紀60年代才被人們注意，並進行重
整、開發旅遊。

　　這個遺址佔地28平方公里，現開掘出的中心部分就有五百多
個建築。我們隨導遊走進遺址，首先見到一個金字塔型的建築，
被稱為Plaza A，是一座古墓，在其中發掘出許多古玉器、珠寶、
燧石和一些「瑪雅書籍」。Plaza A對面是此遺址中最大的寺廟
——Plaza B，高約60多英尺，用於祭祀。我們登上此廟，Altun
Ha遺址的建築群盡收眼底。導遊說考古學家在此發現了一個重五
公斤的Kinich Ahau神頭玉雕，現成為伯里茲的國寶，這也證明當
年此地的瑪雅居民富足有餘。

尾聲

　　我們回到伯里茲港，啟程渡墨西哥灣回航。回思這幾次參
觀的瑪雅遺址，令我感到瑪雅文明源遠流長，在農業、天文、曆
法、數學、文字、藝術、建築各方面都有驚人的成就，同時瑪雅
文明也經歷了其後西班牙人無情的摧殘，令人惋惜。如今瑪雅的

文化遺址和尤卡坦半島美麗的海天風光結合成為世界一流的觀光勝地，令人百看不厭。

原載於《世界周刊》，1499期，2012年12月10-18日

▍多彩多姿的喀什

　　喀什是中國最西端的一個城市，各種民族的風情、雄偉的崑崙山以及悠久的歷史、文化，使其成為中國最與眾不同的城市之一。時值仲夏，我與老妻由烏魯木齊飛往喀什，這一程花了約一個半小時，卻只飛了半個新疆，才體會到新疆之遼闊與喀什之遙遠。

喀什今昔

　　抵達喀什後，我們搭車穿過市區，見到高樓林立、市容繁華。改革開放以後，這裡成為中國與中亞貿易的重鎮，設立了經濟特區。近十年來，由烏魯木齊通此的鐵路完工，大力加速了喀什的發展。

　　與中國內陸的城市相較，喀什並不大，只有35萬人口。由於地理環境與歷史的變遷，喀什一直是民族的熔爐。居民有維吾爾、漢、塔吉克、回族、柯爾克孜、蒙古、哈薩克等31個民族。其中百分之90以上均為維吾爾人。

　　喀什位於中國新疆西端，與巴基斯坦、阿富汗、吉爾吉斯坦、塔吉克斯坦幾個國家接鄰。自古以來為絲路上的重鎮。喀什古稱「疏勒」，秦末漢初屬於匈奴。漢武帝派張騫出使西域，打開了中原與新疆的交流。漢朝在新疆設「西域都護府」，喀什開始列入中國版圖。東漢時班超任西域都護，曾駐紮在當今喀什的盤橐城。唐代時喀什是「安西四鎮」之一。五代至宋先後為喀拉漢王朝和西遼管轄，元時為也爾羌汗國，清乾隆時重歸中國。

恰薩古巷

　　喀什城區建築多為近年新建，與內陸城市相似，但也保留了幾個古巷。我們隨導遊去參觀了「恰薩古巷」。那是一個維吾爾人居住的老區，沿坡而建，巷內高低起伏，迴旋曲折。房舍多為磚屋，有兩層、三層的，雖狹小但整齊、清潔。地上多鋪有路磚，小巷內有各類店鋪，販賣各種當地土產及工藝品。還見到他們的染房，染布是此地重要的商業，紅、紫、藍、綠、黃各色的染缸及堆滿的染布，令人眼花撩亂，成為此區的一大奇景。維吾爾孩子們個個眉清目秀，待人友善，爭著與我們搭訕。這古巷真是一處令人舒暢而又悠思懷古的好地方。

艾提朵爾清真寺

　　艾提朵爾清真寺規模很大，有禮拜堂、講經堂、門樓及佔地寬闊的庭院。禮拜堂裡的大廳一次可容納五六千人作禮拜。每週五是回教禮拜日，來此祈禱的信徒很多。古爾邦節是每年最重要的節日，前來膜拜的人有十萬之多，在大廳、庭院內及寺外的廣場上跪滿了人。這是新疆最大的回教聚會。

手工業一條街

　　艾提朵爾廣場附近有一條聚集了幾百家販賣工藝品的商店及作坊。其中有編織、印染、金銀首飾、皮革、鞋靴、帽子、服裝、樂器等等，琳琅滿目。維吾爾及中亞各地的手工藝術品應有盡有，作工非常精細，藝術水準也很高。

香妃墓

香妃墓位於市東北的浩罕村。香妃的故事傳遍天下，一般皆謂她體有異香，原為和卓貴婦，乾隆平定和卓時被俘，送到北京為乾隆妃子。但她一直悶悶不樂，不久被太后賜死，乃送回喀什歸葬。

事實上這都是傳說故事。真實的香妃名伊帕爾汗，是玉素甫家族阿派克霍加的重侄孫女。她的哥哥圖爾迪協助清朝平定大小和卓，被封為輔國公，舉家遷往北京。1760年伊帕爾汗被選入宮，後被封為「容妃」，安安穩穩地活到55歲，乾隆五十三年（1788年）病死於北京，葬在河北遵化的清東陵。我十多年前曾到清東陵，親眼見到「容妃」的墓地。

那麼在喀什的「香妃墓」又是怎麼回事呢？原來這個「香妃墓」葬了可不少人，是玉素甫家族世代的墓地，又稱阿派克霍加墓，乃是新疆最具規模的回教陵園之一，始建於1640年。我們先進入大殿墓室，殿內葬有58個玉素甫家族的先人，香妃也是其中的一個。

殿內陳列了一個駝轎，被稱為是當年香妃在北京去世後，其遺體放在此駝轎中經過三年抬運，回此安葬。這當然只是個故事，表示維吾爾人以香妃為榮，也使「香妃墓」名滿天下。

阿派克霍加墓大殿建築莊嚴宏偉，顯示了維吾爾傳統建築的特色。大殿之外的庭院葬有許多玉素甫家族的先輩。

班超盤橐城

盤橐城位於喀什市南邊吐曼河畔，這裡原是東漢班超修築

的城堡。班超曾在此駐守了17年。近年來復修,建有城牆、烽火臺、古亭等。庭院中立有一高大的班超塑像,其前有兩排,共36名勇士的石像,代表當年班超率36名部屬前來西域,抗擊匈奴、安撫眾國,恢復漢室在西域的管轄。班超又派遣部屬西行到達中東,拓展中西交流,暢通絲綢之路。這幾天我在喀什附近見到荒漠、大山,路途遙遠,行車困難。回想當年班超萬里迢迢,遠度大漠,到此化外之地堅持17年,在西域待了總共30多年,非常人所能。他對中華民族的發展及各民族的融和之功是不可磨滅的。

維吾爾風味與新疆瓜果

我們住的旅社旁有一個露天市場,每天清晨擠滿了人。我好奇地去逛了幾次,見到市場上擺滿各種水果,有葡萄、石榴、杏子、無花果、桃子、桑葚、巴旦木、甜瓜、哈密瓜、梨子,以及各式各樣的乾果。買了幾種嚐嚐,都是甜美可口。另外還有種類繁多的蔬菜,有些我從沒在內陸見過。

附近有一條街,滿是商場及餐館,有烤全羊、手抓羊肉、手抓飯及各種麵食。維吾爾的羊肉及麵食做的非常可口。最特別的是「饢」,也就是烤的大餅,與中東各地的大餅相似,但新疆的麵粉很「實在」,做出來的「饢」的確好吃。只是攤子上爬滿蒼蠅和蜜蜂,我等他們剛烤好出爐,連蒼蠅、蜜蜂都不敢吃的,買了幾個嚐嚐,的確名不虛傳。

最有趣的乃是我見到街上有許多「網吧」。天未破曉,我散步到那,打算進到網吧去上網。但發現裡面幾十個位子都坐得滿滿的。原來夜間減價,這些孩子們都來網吧熬夜玩電子遊戲。稍時,這些孩子全一哄而去,沒一個留下。我問店主他們為什麼都

跑光了，店主答得很簡單：「他們都去上課了！」不過從這也可看出喀什的經濟發展是很好的。

崑崙山與喀拉庫里湖

我們一早隨導遊乘車沿314號國道向南而行。不久進入山區，只見叢山、大川，偶見一兩小村。導遊說這裡山地是柯爾古孜族人。此地山高、天寒，農作有限，他們的生活十分艱苦。

再向南就見到了許多雪山，這裡是帕米爾高原的喀拉崑崙山，是世界屋脊所在。這些山巒起伏、連綿不斷，雄偉冠天下。車行兩個多小時到了喀拉庫里湖。這裡海拔已達3600米，湖面一平如鏡，湖水藍裡帶綠，潔淨如碧。背後為幾座光耀奪目的雪山，四周寂靜萬般，景色有如仙境。湖畔有幾個為旅客安排的蒙古包。我們在那裡休息、午餐。還騎了駱駝，盡興而返。

尾聲

次日由喀什搭車去和田，一路只見大漠蒼茫。感到不到新疆，不知中國之大；不到喀什，不識中國文化多彩。喀什的人文風情、佳果美食、大漠雪山代表了中華民族的淵博、包容與孜孜奮鬥的精神，也是多彩多姿、百看不厭的旅遊勝地。

景色、文物、資源不凡的庫車

時值秋日，我與老妻暢遊新疆南疆，由喀什經和田，穿越塔克拉瑪干大沙漠到阿克蘇，再轉車，抵達庫車已過午夜。黑夜中只覺庫車城寂靜清爽。

民族熔爐──庫車

次晨導遊來接我們離開旅館。庫車市區不大，但新建的樓房不少，可見這幾年經濟興旺。庫車，維吾爾語意為悠久、長久，古代為龜（音qiu）茲國。庫車縣總人口約為40萬，有維吾爾、漢、回、柯爾克孜、哈薩克、蒙古、俄羅斯、錫伯、滿、烏孜別克等14個民族。其中少數民族約有35萬人。這裏是一個農業發達的地方，盛產小麥、水稻、玉米、棉花。畜牧以羊為主。水果很多，有梨、杏、葡萄、石榴、核桃、甜瓜、無花果等。三北羊羔皮、小白杏、薄殼核桃是此地的特產。

首先我們去了市場，見到維吾爾人的風味小吃，大饢、小饢、饢包肉，還有烤羊肉串、烤全羊、抓飯等。有一種烤毛蛋，乃是烤沒孵化出小雞的蛋，維吾爾人很喜歡。這烤毛蛋可把老妻嚇壞了，她看都不敢看，當然沒敢嚐。買了一些小白杏，十分可口，無怪乎暢銷全國。

接著我們去看了「龜茲故城遺址」，為南北朝至唐代間龜茲國在此建築的城牆。現只剩一長條土堆，其旁有一片樹林，僅此而已。但我還是在土堆上走了一陣，回思過往龜茲的昌盛風貌。

佛教、樂舞傳天下的龜茲古國

龜茲是古代西域重要的文化中心，最具代表性和影響最大的是佛教和樂舞。西漢時龜茲先隸屬匈奴，後歸於漢，王莽時又隸屬匈奴。東漢班超經營西域，龜茲又歸於漢。其後隸屬不定，南北朝屢屬西方強國，後為突厥管轄。唐代玄奘去印度取經，路過龜茲，在其《大唐西域記》中記述龜茲當時有寺院（伽藍）百餘所、僧侶五千多人，佛像四處林立。另外龜茲樂舞盛行，使用的樂器大多傳自印度、波斯和埃及，有琵琶、豎箜篌、五弦、橫笛、篳篥、羯鼓、銅鈸、法螺等。其樂曲旋律也富有異域特色。隋唐時，西域文化大量傳入中國，龜茲樂舞與中原傳統音樂融合，對中華民族音樂的發展起了重要的作用。

我們在旅館及市區的商店裏看到許多陳列的古樂器，也在街邊見到維吾爾人在彈奏琵琶。在克孜爾石窟的壁畫上猶可見許多古代樂舞的情景。

當時龜茲原為小乘佛教的中心，後演變為大乘佛教。中國佛教奠基者之一的鳩摩羅什即誕生於此。

東亞大乘佛教的奠基者──鳩摩羅什

中國的文化思想主要是「儒、道、佛」三家相輔而成。根據零星的文獻，早在春秋、戰國，民間可能已接觸到佛教。佛教正式傳入中國是東漢明帝時，但在中國成形是在晉代、南北朝時期。鳩摩羅什適逢其時，譯經宏教，作出了重大的貢獻。

鳩摩羅什（334年～413年，一說350年～409年）生於龜茲國，其父是從印度逃亡到西域的印度貴族後裔，其母是龜茲國王

的妹妹。羅什七歲時和母親一同出家，開始學習的是原始經典《阿毗達磨大毗婆沙論》，屬小乘佛教；在受具足戒後遇須利耶蘇摩，轉學大乘佛教、主要研究中觀派的諸多論著。

前秦建元十五年（379年），中原僧人自龜茲回國，稱鳩摩羅什深解法相、善嫻陰陽、才智過人，深明大乘佛學。長安高僧道安乃力勸苻堅延請羅什來中土。苻堅遂於建元十八年（382年）派大將呂光領兵七萬進軍西域，伐龜茲。建元二十年（384年），呂光俘獲羅什。呂光回軍中原途中，羅什以天文、陰陽之術贏得其信任。不久前秦滅亡，呂光在涼州自立為帝，國號後涼。羅什遂被軟禁於涼州達18年之久。

後秦弘始三年（401年），姚興攻滅後涼。是年底，羅什抵長安，姚興以國師之禮待之，奉之如神，親率群臣及沙門聽羅什講經。公卿以下皆奉佛，沙門坐禪者常以千數，信徒數千人。由是州郡化之，事佛者十室而九。此後羅什潛心鑽研佛學，並廣收門徒。姚興又命羅什翻譯西域梵文經論三百餘卷，並廣建塔寺。

鳩摩羅什有入室弟子僧肇、道生、道融、慧觀等三千餘人，後世有什門四聖、八俊、十哲之稱。他翻譯的經卷準確無誤，並留有「非色異空、非空異色；色即是空、空即是色」的名句（註：出自羅什譯本——《摩訶般若波羅蜜多心經》）。但他並沒有發展自己的理論，正如孔子所說：「述而不作，信而好古」，卻對後世佛教界影響極為深遠。繼鳩摩羅什之後，北朝魏、周、齊，南朝宋、齊、梁、陳大多時間均極力崇佛，使得佛教在中國生根、本土化。隋、唐時，佛教在中國進入黃金時代。鳩摩羅什可謂中國及東亞大乘佛教的奠基者。

僅次於莫高窟的克孜爾石窟

我們出了庫車縣城，向北而行，沿途只見荒涼大漠，奇岩怪石，景色奇特。因為正在施工修建高速公路，車行困難，近兩小時才到了克孜爾石窟。克孜爾石窟與敦煌莫高窟有許多相似之處，現為中國盛名僅次於莫高窟的佛教壁畫石窟。

我們見到那裏的風景也與莫高窟相似，一串禿丘面對著河流，荒漠之中呈現了綠洲。卻是克孜爾石窟前的木紮提河與附近蜿蜒而流的渭干河滋潤出大片青翠的原野，景色較莫高窟更為秀麗。此處石窟坐落在明屋達格山腰，面對其南隔河的崔爾達格山。

進入景區，我們首先見到一座高聳的鳩摩羅什坐禪塑像，象徵此地往昔佛教之興盛及對東亞佛教影響之巨。

現今已發掘的石窟有236個，分為谷東、谷西、谷內、及後山四區，綿延約3公里。據研究其創建可分為四個時期。初創期大約為公元3世紀末到4世紀中葉，存在壁畫多為方形窟，並有大像窟，這類石窟的前室都曾鑿有露天大佛像，只惜現已毀壞。第二為發展期，大約在公元4世紀中葉到5世紀末，此時出現了以中心柱為主的洞窟組合，包括僧房、講經堂、禮拜寺等，形成寺院形態。第三期為繁盛期，約為公元6～7世紀，目前石窟中一半都是屬於這個時期建築而成的，造像普遍採用金粉或金箔敷貼。在此方形窟中因緣畫較為突出，建築上以大型中心柱居多。克孜爾千佛洞衰落於8～9世紀，是為第四期。其衰落與戰爭有關，公元8世紀初，此地曾為大破吐魯番的一個戰場。在克孜爾石窟中有一幅攻戰圖，乃是描述當時士兵們在奮勇作戰。其後伊斯蘭教攻

佔龜茲，原在此盛行的佛教遂被伊斯蘭教取代，石窟多被破壞、荒廢。

我們隨當地導遊攀梯而上，參觀了許多洞窟。早期的壁畫用筆粗獷，色彩鮮明，人物簡單古樸而又不失神彩，一般是用來觀佛禮佛的。還有禪定及天宮伎樂圖等，以佛傳故事為主，反映小乘佛教思想，犍陀螺藝術風格較為明顯。第二期窟多繪畫於中心柱的主窟室的「菱格畫」，以本生故事和因緣故事內容為主。其中有摩訶薩王子捨身飼虎的一個本生故事，和釋迦牟尼生前許多修行成佛的故事。第三期多為釋迦牟尼成佛後，雲遊四方，傳播佛法，因緣故事喻人，傳播因果輪廻之說的菱格因緣圖，譬如猴子奉蜜於佛，死後來生成為富貴人家的故事。最後衰落期的壁畫很多是在較早的原畫上覆蓋重畫，也有許多被伊斯蘭教信徒毀壞，同時還有因廢棄而被遊人任意在壁上刻劃。這些文化瑰寶被如此糟蹋，令人歎惜。

奇岩怪石的紅山大峽谷

離開庫車，我們在大漠之中走了一個小時，到了紅山大峽谷。首先見到有如叢林的紅色山巒，當地維吾爾人稱此地為「克孜利雅」，即紅色山崖，或紅色石林。越過一道大門，進入景區，下車徒步走進峽谷。整個山谷是一條乾枯的古河道，兩旁高山通體赤褐色，崗巒起伏，奇峰插雲，縱橫交錯的岩層凸凹不平構成變化萬千的造型；千奇百怪，形如宮殿、亭台、臥駝、伏獅、仙女、和尚等等，景色奇特、雅致。當地導遊告訴我們此地民間對每個山峰，奇景都創造了一些神話故事，真是所謂「山亦有靈」，增添了許多神秘氣息與綺麗暇思。

　　峽谷中有一座陡峭的山崖上，近年一個愛好登山的年輕人發現了一個地面寬闊達幾平方米大的佛洞，裏面還有佛像。此洞建於何時至今尚不得而知，但當年要攀登到如此高的懸崖的確不容易。使人不禁聯想在這神秘的大峽谷之中可能還有許多驚人的往事與動人的傳說。

　　大峽谷長約5公里，遊人沿山谷緩緩而上，峽谷最寬處約50米，最窄處不到半米。在一處狹道正中有一塊似天外飛來的巨大岩石，不偏不倚地堵住路口，遊人只能從岩石下面爬行而上。

　　由於大峽谷是古河道，因此走在曲折路上時，腳下地面砂礫非常鬆軟，不時還滲出一些泉水，順山谷而下，時有時無，被稱為「含羞溪」，溪水清澈無比。我們走累了，又熱得難受，捧起泉水洗一把臉，頓時感到清涼無比。這峽谷與小溪的確可愛、怡人。

　　我們在峽谷裏走了約一個小時，導遊說還有三分之一的路途。我們實在沒有足夠的時間，而且老妻也走累了，只得折回，對導遊說：「下次再來非走到頭！」只是不知是何年何日了。

宏偉的西氣東輸工程

　　歸途中，導遊與師傅均不停抱怨，他們說二十多年前，中國石油天然氣總公司在南疆擴大油氣勘探工作，曾打算在庫車設立「指揮部」。但當地領導目光如豆，大力刁難，中石油知難而退，遂將指揮部設在當時破落、人稀的庫爾勒小鎮。未料上世紀90年代，中石油在庫車附近發現了儲量豐富、高產的克拉二大氣田，帶動了「西氣東輸」的宏偉工程。現庫爾勒已成為南疆經濟最興旺的城市，使得庫車望塵莫及。

在路旁見到了遠處山邊的克拉二氣田基地及公路旁的「西氣東輸」大型標誌，激起了十多、二十年前我來新疆參與中美合作開發天然氣資源的回憶。1997年夏，中石油已發現克拉二大氣田，正在做評估及開發計畫。當時我與老友、國際知名天然氣管道專家王勝利君，以及兩位老美均任職安然公司（ENRON），參與在中國的合作專案，遂組團前往新疆，走遍天山南北。回北京後組成了安然公司與中石油的新疆天然氣管道聯合研究，是為「西氣東輸」最早期工作之一。其間並多次隨同安然公司最高執行官（CEO）Ken Lay先生及其顧問基辛格博士（Kissinger），與中國領導商談天然氣合作建設工作。

安然公司興亡

安然公司原為一天然氣管道公司，於上世紀80年代崛起，積極迅速擴展為全面能源與巨型跨國公司。據筆者的觀察，Ken Lay不失為一代之奇才，該公司亦延攬了許多青年才俊，在美國天然氣工業發展及中美天然氣合作兩方面均做出了貢獻，Ken Lay本人也曾成為美國及全球的傳奇人物。只惜及其晚年，未能「戒之在得」，其「貪婪」使千千萬萬的雇員及投資者受害，也使他走上自毀的道路。他的興起與敗亡與拿破崙、希特勒二人頗為相似。

當今「西氣東輸」不僅輸送克拉二及新疆其他氣田的天然氣，並聯結鄂爾多斯豐富的儲量，也連通了土庫曼的氣藏，將大量的西部天然氣輸往中原、南京、上海，對中國能源需求及環保改善起了極大的作用。筆者與安然公司雖未能繼續在中國進行合作工作，但我在庫車見到中國天然氣開發的盛大成就，心理是

無比的欣慰與激動。毛澤東有一首詩——《卜算子。詠梅》：「……，俏也不爭春，只把春來報。待到山花爛漫時，她在叢中笑。」這也正是我當時的心境！

尾聲

當夜我與老妻搭上火車前往烏魯木齊。回思此次庫車之訪，我們見到了龜茲古國燦爛的佛教及樂舞遺跡、奇特美麗的山岩大地，以及震驚中外的西氣東輸工程。數千年來，庫車有過輝煌的時期，也經歷了衰落的歲月，只是其風沙大地依舊。如今這裏成為中國能源的重鎮，標誌著中國走向興盛的未來。庫車的確是個值得留連的好地方，我願再回庫車走完那美麗悠長的大紅山峽谷。

▌開拓台灣始自北港

　　台灣與福建一水之隔，僅距百餘海浬，自古就有漢人的足跡。早在《漢書。地理誌》就有「夷州」的記載，其後，東吳大將衛溫、諸葛直到過「夷州」，隋朝朱寬、陳棱曾到「琉求」。元代在澎湖設巡檢司，曾派楊祥、張浩招諭「流求」，旅行家汪大淵到台灣西南部，寫成《島夷志略》，說：「土闊田沃，宜稼穡，……海外諸國，蓋自此始。」明代前期實行海禁，「雞籠山」為海盜及倭寇聚集之地。穆宗隆慶元年（1567年）罷海禁，准許百姓出海、通商，後於萬曆十五年（1587年）開始對漁船到台灣不加限制，台灣南起大員，北至淡水、雞籠都成為商船、漁民常到之地。接著就有福建農民移往台灣，建立村落，與原住民雜居，密切來往，但尚未形成具規模性的移民。

顏思齊、鄭芝龍最早開拓台灣

　　明天啟元年（1621年），在日本經商的海盜漳州人顏思齊率其黨來台，登陸北港（笨港），後泉州人鄭芝龍附之，築寨以居、墾荒地、建部落，鎮撫原住民。並招撫福建無業之民，先後來台凡三千人，以北港為互市、屯墾中心。

　　天啟五年（1625年），顏思齊去世，鄭芝龍被推為首領。次年鄭率眾進攻金門、廈門，後由閩南移民數萬人入台，令每人給銀三兩，每三人給牛一頭，遂使漢人開拓台灣始具規模。

　　日本人在豐臣秀吉時期即圖謀染指台灣，後德川家康於萬曆四十三年（1615年）派兵登陸台灣，因乏援而返。荷蘭人於天啟四年（1624年）據一鯤身（今安平），築熱蘭遮城鎮守。西班牙人於天啟六年（1626年）佔北台灣淡水、雞籠。崇禎元年（1628年）鄭芝龍被明朝招安，坐鎮閩海，荷蘭人遂於崇禎九年（1636年）進佔北港。其後西班牙人忙於對付菲律賓人民反抗，無力顧及台灣，荷蘭人於崇禎十五年（1642年）進佔雞籠，其統治擴展到台灣北部。

　　清順治十八年（1661年），鄭成功驅逐荷蘭人，光復台灣。康熙二十二年（1683年）施琅征台，明鄭歸順，清朝納台灣入版圖。

　　由以上的歷史簡敘，可知顏、鄭據北港乃開發台灣之始。我一直想去北港尋古，均路過而不得入其鎮。初秋之際，與老妻隨友人駕車專程往訪，由臺北南下約兩個多小時，我們到了北港鎮。

北港條件優越，利於屯墾

　　首先見到北港溪由鎮邊東北蜿蜒而來，在東南轉了個九十度的大彎，朝西流向大海。北港並不靠海，距海邊還有約30公里。當地居民告訴我們，顏、鄭來台時，此地也不靠海。是以北港原是個內陸河港。北港溪的河床並非礫石、淺灘，至今雖有淤塞，猶可見較深的河道。是以當年顏、鄭率眾上航至此停泊，為一良好的河港。後來在淡水河畔開埠的艋舺與北港有相似之處。

　　台灣海峽秋、冬之際，東北強風襲人，夏、秋颱風頻繁。五百年前，內陸港口會比靠海的岸口易於避風。另外身為海盜的顏、鄭集團能安寨於距海岸有適中距離的河港，在防禦由海上來侵襲的敵人是比在海邊較有優勢的。

據稱，顏、鄭初抵此地，在港口附近，也就是當今「朝天宮」旁邊，挖出一口很好的泉水井。這泉水與河水提供了軍眾生活與耕種所需的淡水。

北港溪為雲林縣與嘉義縣之交界。北港位於台灣最大的平原——嘉南平原，乃是最有利於耕作的地區之一，引水方便、氾濫較輕、每年稻米三收，這也是當年顏、鄭選此屯墾、開拓的最主要原因之一。

台灣歷史最悠久的媽祖廟

鎮上最重要的古跡與景點是「朝天宮」，為台灣歷史最悠久的媽祖廟，始建於康熙三十三年（1694年），歷代重修不斷。除了主祭媽祖外，還配祭觀音、土地公、文昌及堯、舜、禹等民間神祇。「朝天宮」附近的媽祖景觀公園內豎立了一座高聳的媽祖雕像。每年農曆3月23日祭聖，全省各地香客均來此參加祭典，前兩日媽祖鑾駕出遊，場面浩大、盛況空前。

市區中心設立了一座「開台先賢顏思齊紀念碑」，碑上書刻顏、鄭二人開拓北港的事蹟。這也是北港人最引以為榮的舊事。離河邊不遠有一個「水道頭」，乃是日治時代（1930年）建的北港水塔，述說了北港人飲水思源的往事。城邊的糖廠還遺留了半世紀前運甘蔗的小火車。

古鎮如今欣欣向榮

現在市區內很繁華，一片欣欣向榮的面貌。麻油是北港的特產，有一條街佈滿了麻油店，還有鹹甜好料的北港大餅。每當週末、假日，前來膜拜媽祖及眾神的信徒絡繹不絕，帶給北港無比

的朝氣。

　　為了發展觀光，最近當地政府修建了一條長450公尺、寬6公尺的三拱觀光大橋。金紅的橋身有如長龍拱跨北港溪，連接了雲林與嘉義，成為當今北港最炫目、壯麗的標誌。

篳路藍縷以啟山林，北港開台永昭史冊

　　我走上橋頭，北望北港鎮，盡收眼底。大橋兩旁，北港溪蜿蜒而流。不禁想到五百年前，顏、鄭率眾渡大海來此，篳路藍縷、以啟山林，肇基今日台灣昌盛繁榮。顏、鄭二公北港開台之功應將永昭史冊。

登徐州燕子樓懷古

　　徐州給人的印象總是「戰火紛飛、兵家必爭」之地，殊不知徐州也有其「纏綿柔情、詩情畫意」的一面。宋代大文豪蘇東坡來徐州，就寫下千古絕響：「燕子樓空，佳人何在？空鎖樓中燕。……」感懷才藝出眾、癡情絕世的關盼盼。我去年（2010年）返鄉，時逢小友小任伉儷因家務來徐，遂一道前往雲龍公園的燕子樓探古尋幽。

「坦克」知書

　　小任現為名牌外企天然氣公司資深經理。多年前初出茅廬，半工半讀之際隨我工作，奮進有為，贏得公司同仁的「坦克」尊號。我當時發現他和大陸的許多「時代青年」一樣，對中國固有文化、歷史茫然無知，乃教他多多閱讀課外書籍。幾年不見，「坦克」的國學的確進步不少，光數知道這個燕子樓就可謂出類拔萃了。

　　我與老妻坐著「坦克」的新車，很快就到了雲龍山旁的雲龍公園，看到了白牆黑頂、兩層的古式閣樓。這就是1985年重建的燕子樓。

登燕子樓念關盼盼

　　我們進入閣樓，首先見到書法家趙樸初書寫的白居易與張仲素唱和詠燕子樓的三組《燕子樓詩》：

拓古篇

257

　　樓上殘燈伴曉霜，獨眠人起合歡床。相思一夜情多少，地角天涯未是長。

──張仲素

　　滿床明月滿簾霜，被冷燈殘拂臥床。燕子樓中霜月夜，秋來只為一人長。

──白居易

　　北邙松柏鎖愁煙，燕子樓中思悄然。自埋劍履歌塵散，紅袖香消已十年。

──張仲素

　　鈿暈羅衫色似煙，幾回欲著即潸然。自從不舞《霓裳曲》，迭在空箱十一年。

──白居易

　　適看鴻雁洛陽回，又睹玄禽逼社來。瑤瑟玉簫無意緒，任從蛛網任從灰。

──張仲素

　　今春有客洛陽回，曾到尚書墓上來。見說白楊堪作柱，爭教紅粉不成灰？

──白居易

　　大廳內說明關盼盼是唐代彭城（今徐州）人，生於唐代貞元、元和年間，能歌善舞、精通管弦、工詩擅詞。她的歌喉圓潤，聲音清麗，音調抑揚跌宕，清脆激越。因出身寒微而隸身樂籍，以聲樂事人，磨煉成為一時名妓。她是一位很有音樂天賦的管弦樂手，精通玉簫，琴瑟等樂器，吹奏彈撥起來音調和諧，優美動聽。她經常與文人雅士交往，向他們學習詩詞歌賦，漸漸通曉韻

律，成為一名女詩人。關盼盼後來被當時鎮守徐州的張愔（建封）納為寵姬，張為她築燕子樓而居。張珍視她的才藝，待她情意頗深，盼盼視張愔為知己、知音。不久張愔去世，她矢志不嫁，在燕子樓中度過了孤獨、淒涼的後半生，後殉情絕食而逝。

白居易曾往訪張愔，宴會中盼盼出來歌舞助興，白深為盼盼的才華傾倒，乃賦詩云：「醉嬌勝不得，風嫋牡丹花。」隔幾年，張愔過世，盼盼在燕子樓十多年，寫了燕子樓詩三百首，名《燕子樓集》。白居易輾轉讀到她的詩作，遂與張仲素作了一組唱和詩，也就是以上三組《燕子樓詩》，對她的才情及志節大力推崇。

燕子樓千年留芳

廳內還書寫了其後歷代文人如蘇軾、文天祥、錢謙益等詠懷燕子樓的作品。蘇東坡任徐州太守時，一夜宿於燕子樓，夢見關盼盼，有感而作《永遇樂》：「……燕子樓空，佳人何在？空鎖樓中燕。古今如夢，何曾夢覺，但有舊歡新怨……。」流露了對關盼盼的同情，以及對人生世態的感慨。文天祥在他被俘北上經徐州時，憑弔燕子樓，作詩：「……蛾眉代不乏，埋沒安足論。因何張家妾，名與山川存？自古皆有死，忠義常不沒，……。」表達了對盼盼的推崇，並抒發自己的忠烈報國之誠。錢謙益有詩：「……天涯大有多情客，不忍輕過燕子樓。……」對盼盼愛情的堅貞及晚年的悲淒感懷歎息。

我們看到許多元、明、清的戲劇和小說中許多描寫關盼盼獨居燕子樓的作品。元代的《燕子樓》雜劇，明代《警世通言》和清代《聊齋誌異》等小說中都曾提到關盼盼及燕子樓的事蹟，《紅樓夢》裏林黛玉《柳絮》詞中也曾提到「香殘燕子樓」。

一千多年來，燕子樓歷經滄桑、屢毀屢建、幾經變遷。唐昭宗景福二年（893年），朱溫攻打徐州，徐州行營兵馬都統時溥攜妻子登燕子樓自焚而死，樓亦被燒毀。此後，徐州人思念關盼盼，多次重建續修燕子樓。明萬曆二十一年（1593年），重修燕子樓於城西北隅。清光緒九年（1883年），徐州知府曾廣照移至城西南隅重建。光緒十五年（1889年），徐州道段喆又遷建於城西北隅。民國後於1914年重修，1928年徐州城牆被拆除，此樓亦被毀壞。1932年，又於西南隅重建，日偽時期拆樓改建平房，使千古名樓再度湮沒。1985年，徐州市人民政府重建燕子樓於當今雲龍公園。

燕子樓新，佳人猶在

我們走上二樓，在陽臺遠眺，見閣樓畔水而立，其前有盆景園、知春島、荷花廳水榭、假山花廊、花圃、遊樂區六個部分。景區佈置為嶺南派風格，山水相映，樓、水、花、木錯落有致，如詩如畫，在樓前眺望湖光山色，令人悠思懷古。

我們在燕子樓景區倘佯了兩小時餘，最後「坦克」特為其夫人在樓前攝影，並說道：「燕子樓新，佳人猶在！」令我對他的國學與齊家大為讚服。

（原載於《世界日報》上下古今版，2010年8月26-27日）

觀《賽德克·巴萊》、訪霧社古戰場隨感

　　初秋返台，在桃園機場就見到影片《賽德克·巴萊》的大幅廣告，其後曾兩度到戲院觀賞此片。深覺這部電影不僅是一個上乘的藝術作品，更可貴的乃是它闡揚了人類整個歷史上，特別是近幾世紀歐美及日本強權擴張、殖民時期中，一個嚴肅而重要的主題：「每個族群都有其獨自的文化傳統與生存空間，其為維護此二者所做的奮鬥是正義和值得謳歌的！」

霧社抗日事件

　　影片《賽德克·巴萊》描寫1930年底在台灣霧社的賽德克族馬赫坡社領袖莫那·魯道（Mona Rudao）為反抗日本人破壞其家園、泯滅其文化，率領族人所作的英勇而悲壯的抗暴戰鬥。

　　本片首先用精美的攝影顯示了賽德克族青山激流的美麗家園、獵場及其引以自豪的文化傳統，也坦誠地表露了其原始的習俗。甲午之戰與馬關條約改變了他們世代平靜的生活。李鴻章之子李經方出面在基隆外海將台灣割讓、移交給日本人。宰相有權能割地，小民無力可回天，台灣人民及賽德克族的英勇抵抗均被日本血腥、殘酷的鎮壓淹沒。繼之日本用「皇民化」的懷柔手段奴化賽德克族人民，逐漸消滅其文化，同時大力的掠奪、破壞當地的森林資源，威脅原住民的生存。

　　由於日本山地員警濫徵賽德克人服勞役，且態度粗魯、輕蔑，引發了族人的新仇舊恨。隱忍多年的莫那·魯道遂率領賽德

克族六社約三百多人，趁霧社公學校舉行運動會的時機起義，襲殺住山日本人。事發後，日本台灣總督府出動軍隊、員警及親日派原住民共數千人上山鎮壓，使用大炮、迫擊炮、飛機，投擲當時國際公法禁用的毒氣。賽德克人不屈不饒，在深山中奮勇抵抗，苦戰約四十天，大多戰死，許多不願投降的勇士及婦女均悲壯地集體上吊自殺。莫那‧魯道本人亦自盡於叢林中。

憑弔霧社古戰場

我看了《賽德克‧巴萊》後感觸萬千，遂與老妻、友人王君前往霧社憑弔當年賽德克人英勇抗暴的舊址。霧社位於南投縣仁愛鄉，北接合歡山，南連埔里、日月潭，東臨海拔3300米的能高山，為坐落在山腰的一個小鎮及中央山脈進出的要道。鎮上有一些商店、旅舍，鎮旁為「霧社抗日紀念碑」及莫那‧魯道的墳塚林園。其前為一個三拱的白色石碑，上有陳誠題字：「碧血英風」。林園內有莫那‧魯道的塑像以及「霧社抗日事件」的簡介，園區古木參天、佈局莊嚴、和諧，表達了台灣人民對「霧社抗日事件」及莫那‧魯道的追懷。

隨後我們又去了當年莫那‧魯道的馬赫坡社舊址與「霧社抗日事件」的古戰場。由霧社駕車約十多分鐘就到了盧山鎮。盧山鎮位於塔羅灣溪與馬海僕溪兩條山澗交滙之處，四周高山聳立，青蔥翠秀，風景幽美；現為一溫泉旅遊勝地，鎮上建有許多豪華溫泉旅舍，也有許多賣紀念品的商店及餐館。我們下車步行，走過一座別致的吊橋，開始爬坡，不久就進入馬赫坡社的舊址。現在那裏築有一條4公里長的環形步道，謂之：「馬赫坡古戰場登山步道」，這一圈我們足足走了兩個多小時。這條山道起伏很大，

去的旅客不太多。我們盤坡而上,且走且停,所幸山中微寒,清爽怡人。見到一座莫那‧魯道的衣冠塚,再往上行,抵達一個種滿農作物的臺地,謂之「魂歸彩虹橋」,其上有幾間房舍和一個小店,其內展覽了一些介紹「霧社抗日事件」的相片及說明。

當地的原住民告訴我們,那裏就是當年馬赫坡社的村落、耕地及獵場所在。「霧社抗日事件」開始後,莫那‧魯道率領族人從霧社退到此地與日本人激戰多日。其後日軍猛攻,賽德克族的許多婦人在村附近的山坡集體上吊死難,而戰士們向深山中退卻,繼續抵抗。日軍用大炮轟擊,飛機灑毒氣。族人在高山岩洞中堅持多日,最後彈盡糧絕,大部均不屈自盡而死。

原住民指著後面的高山對我們說:「當時賽德克人最後奮戰所在的岩洞就在這後面的深山上面,如果你們想要去看看,我們可派嚮導帶你們上山,但來回跋涉要一天半的時間。」我們雖很想去瞭解當時族人抗日的悲壯,但體力與時間有限,只得望高山雲霧,興歎良久。在那裏,我四處眺望,青山、叢林、翠谷、清溪、良田,萬籟寂靜,這真是一個美好的世外桃源。我感到自己彷彿身在八十多年前,莫那‧魯道正在那英勇地率領著他的族人為保護家園,不屈不饒地抵抗,慷慨地走過「彩虹橋」!

歸途省思

與《賽德克‧巴萊》相似的故事在人類的歷史中曾一再地重現。我曾到墨西哥、秘魯,見聞瑪雅人(Mayas)與印加人(Incas)在西班牙拓展殖民時所遭遇的悲慘過程,其文化與生存均被無情地摧殘;也看到了他們與賽德克人一樣,英勇不懈地抗爭。

我去過美國幾處印地安人保護區(Indian Reservations),回

顧原住民被美國拓荒者及軍方驅趕、屠殺，家園盡失，親人殆盡的慘痛歷史。猶記上世紀70年代（1973年），影星馬龍‧白蘭度（Marlon Brando）在奧斯卡金像獎頒獎會上拒絕領取最佳男主角獎（教父──God Father），並請印地安Apache族女星Sacheen Little Feather代為登臺，宣佈支持當時印地安人在Wounded Knee的示威抗議；緬懷1890年印地安人於當地抗擊美軍的英勇、悲壯事蹟；同時譴責好萊塢上世紀長期在「西部電影」中向大眾宣揚、謳歌屠殺「紅蕃」的誤導。此舉導致了屠殺「紅蕃」電影的消失。《賽德克‧巴萊》一戲所表達的主題正是馬龍‧白蘭度先生當年的宣言。

我也曾到波蘭奧斯威辛（Auschwitz）參觀二戰中納粹進行大屠殺的集中營，觸目心驚、慘不忍睹。我又到華沙猶太村（Ghetto）舊址瞻仰，瞭解到當年納粹用大炮屠城以及華沙人民英勇無畏地抵抗。華沙人民所做的恰似賽德克人在霧社的義舉。

在我中學時期，先父就與我談到「霧社起義」。他告訴我事件發生時，他在上海讀書。當時日本正在逐步地侵凌中國，同學們得知在祖國淪亡的國土──台灣的高山上，居然燃起憤怒的抗暴火花，大家都感到十分震撼。幾個月後就發生了「九一八事變」，日本強佔了我國整個東北，接著向華北進軍。我父與趙丹等同學都走到街頭，宣傳、請願抗日，唱出：「同學們，大家起來，擔負起天下的興亡！……，一年年國土的淪喪！……我們要做主人去拚死在疆場，我們不願做奴隸而青雲直上！……。」

其後他在上海從事文藝工作，經常與好友田漢、聶耳相聚，飲酒悲歌，感歎國事。有一天，田漢談到他正在編寫《風雲兒女》抗日戲本，劇中應該需要一首插曲，遂趁興在包香煙的紙上

寫了短節有力的「起來！不願做奴隸的人們！……中華民族到了最危險的時候，每個人被迫著發出最後的吼聲！……我們萬眾一心，冒著敵人的炮火，前進！……前進！進！」隨之聶耳譜曲，這首《義勇軍進行曲》很快地唱遍了中國及世界，喚醒了千千萬萬的中華兒女，為挽救民族存亡而奮鬥、犧牲，最後贏得了抗戰的勝利。

史學家唐德剛教授說得好：「老實說，八年抗戰就是當年全國人民以血肉之軀與不可一世的入侵強寇，死命糾纏，拼過來的！」《賽德克‧巴萊》一戲所呼籲、謳歌的不也正是《義勇軍進行曲》發出的怒吼嗎？！

作為一個台灣人應該去看《賽德克‧巴萊》，因為它述說了值得台灣驕傲的歷史；作為一個中國人也應該去看《賽德克‧巴萊》，因為它標誌了中國光榮、神聖抗戰的序幕；世界上任何一個國家的人都應該去看《賽德克‧巴萊》，因為它闡揚了人類歷史上追求正義的光輝主題。

《賽德克‧巴萊》是台灣的驕傲、中國的光榮！

（原載於《世界周刊》，1445期，2011年11月27-12月3日）

┃我的一九四八淮海回憶

硝煙炮火中，淚眼憶淮海

抗戰勝利後，我隨父母回到徐州老家，在那度過幾載童年。
1948年初夏，因父親職務，舉家遷往南京。但經不起祖父、母的
一再堅持，決定將我留在徐州鄉下。當時我尚在童稚之齡，自然
對「國家大事」一無所知。但至今猶記，在我們村子附近有一軍
營。每當黃昏時分，總會聽到淒涼、悠長的軍號之聲。

1948年徐州風雲

徐州自古以來為兵家必爭之地。抗戰時期為日偽、國民黨、
共產黨三方交錯爭戰之地。共軍在附近的蘇北、魯南打下了堅實
的群眾基礎。國共內戰起，國軍設陸軍總司令徐州司令部於此，
後改為徐州剿匪總司令部，在徐州附近與共軍爭戰不已。

小叔護我父子南下津浦路情深

1948年秋，母親見時局變化，乃催促父親回徐州接我去南
京。我父乃單獨返鄉，向祖父、母解說，遂帶著我離開故里。我
父是祖父、母的獨子，連一個姐妹也沒有。臨行時，祖母瘸著腿
一直陪我們走到村外，滿面眼淚地說：「出外要好好保重，常寫
信回來啊！」父親對她說：「南京與徐州一夜火車就到了，隔不
久就回來看妳，別擔心。」但飽經半世紀徐州戰火的老人知道，

這可能就是她與兒孫的永別了。

二十多歲的小堂叔來送我們。我們先坐獨輪雞公車，走著走著，看不見村口的祖母了。又換乘牛車，慢慢地到了津浦路火車站。火車來了，父親與小叔道別，但他卻不肯走，對父親說：「大哥，津浦沿線有很多『我們』的隊伍，經常扒鐵道、攔火車。最近我們大軍也正由四方向徐蚌集中。你是國民黨，如果碰上了，就麻煩了。讓我陪你們一程，到時遇上了，都是我的自己人，打個招呼，問題不大。」（註：我小叔十五歲參加共產黨，打游擊，解放後當到中上級幹部，其後因後台被整肅，他乃被下放。）

當時濟南正在激戰，由北方逃下來的軍民，坐的、站的、蹲的，把火車塞得滿滿的。車走得很慢，一站一站停。父親一再叫小叔下車回家，但他總是不肯。最後車過淮河在蚌埠站停下，小叔對父親說：「大哥，再往南就沒有我們的部隊了，我走了，你好自保重，我們後會有期。」他乃下車，在月台上與我們一再揮手，火車慢慢向南駛去，小叔身影逐漸渺茫。這也就是亂世手足的最後一別。

淮海（徐蚌）會戰使國民黨的天下轉給了共產黨

我們離開徐州後不久，11月初，淮海（徐蚌）會戰就在我們村子附近展開了序幕，黃百韜兵團在徐州之東，距我們不遠的碾莊被圍。國軍試圖以徐東的李彌兵團和徐西的邱清泉兵團東進解圍，但被共軍在百姓協助下阻止在我們村子附近，那一帶打得滿目瘡痍。十多天後，彈已盡而援未至，11月22日，黃百韜自殺殉職。當時的中央日報卻登載著「徐州大捷」，南京國民政府派張

道藩率「祝賀慰勞團」前往徐州。但在「慶祝會」上，邱清泉卻說道：「覆巢之下無完卵！」大勢已去矣。

在包圍黃部期間，共軍突然攻佔小叔護送我父子經過的津浦路上的重鎮──宿縣，切斷了徐州與蚌埠之間的聯繫。由河南趕來的黃維兵團為奪回宿縣，打通津浦路，被圍於距宿縣不遠的雙堆集，12月15日被共軍全殲。

當進攻徐州東、南之際，共軍亦由西北向徐州進襲。父親的童年好友郭影秋伯伯當時擔任「冀魯豫軍區湖西軍區」司令員，徐州的報紙上出現了「郭影秋猛攻九里山！」親友們也爭相走告：「郭影秋打回老家來了！」（註：中共建國後郭影秋曾任南京大學校長兼黨委書記，及人民大學名譽校長兼黨委書記，為中國的高等教育做出了貢獻。）邱清泉、李彌、孫元良三個兵團，加上機關、學校共二三十萬人，由杜聿明率領於11月30日從徐州撤出，希能與黃維兵團會師。但他們沒有我父子兩人的幸運，當時津浦路已被切斷，只得向西南退卻。四天之後，就在離徐州不遠的陳官莊、青龍集被共軍包圍。孫元良突圍後，杜聿明、邱清泉、李彌拒絕了毛澤東的招降，在冰天雪地、饑寒交迫之下堅持了近四十天，最後於1949年1月10日全軍覆沒，杜聿明被俘，邱清泉自殺（中共宣稱邱被擊斃），李彌僅以身免。淮海會戰的結束確定了國民黨的天下轉給了共產黨；徐州的百姓自楚漢相爭以來，又添加了一次在政權交替之際的戰火洗禮。

三十年離別，重回故里，老人均已被雨打風吹去

上世紀70年代末期，中國剛度過漫長的文化大革命，開始改革開放。我參加了合作建設的工作，前往北京。當時百廢待興，

諸多不便。承統戰部費心安排，特地將我哥哥從徐州接來北京與我相會。在那約半小時的短聚中，我們互訴了離別三十年的家事，而我最想知道的乃是兩位老人的晚年是如何度過的？我哥哥告訴我，祖母於1958年去世，當時情況雖不好，但還沒到最壞的時候。她臨終時說道：「只惜我的兒孫不在身旁！」

我的祖父原是個農人，白手起家，奮發經商致富。抗戰前災荒時，曾自資運十個火車廂的麵粉、糧食救濟災民，至今猶為鄉里稱道。日本人打來，被掠奪頗巨，但實力猶存。解放後，他成了「地主」、「資產階級」，加之我們去了台灣，他也被打成「反動派」，在諸次運動中被清洗一空。但老人從沒責怪父親，至死以他為榮。1962年，全國大饑荒，他已一無所有，與我哥兩人形影相弔，最後饑餓、病痛而死。我聽完後，黯然地問哥哥：「爺爺最後說了什麼？」哥哥告訴我：「他臨終時對我說：『你要記著，無論情況多麼惡劣，多麼黑暗、多麼艱難，一定要堅持下去，總有一天，海峽對岸會帶給你希望的！』」

我於1985年首次返鄉。統戰部分了套新房給我哥哥，同時將我祖父、母的墳上立了新的石碑。這在當時是很大的幫助。我到墳上磕了三個頭，也算代我父親盡了他臨終前囑咐我的心願。我父親的老友們為我舉辦了一場聚會，我一再感謝他們，也告訴大家父親生前在台灣一直想念他們，只是遺憾未能再回來與大家相聚。他們提到郭影秋伯伯剛從人民大學退休回到老家，他一定很高興見見我。只惜當時安排時間有限，遂決定下次返鄉再去拜訪他，未料他於那年底就過世了。老成凋謝，令我失去了一個難得請教的機會。

兩位叔叔來看我，他們乃是當年祖父的親信，一位是管帳的，另一位是管雜務的。他們二位大半生都隨著祖父，直到他被

清洗一空。在祖父的最後幾天，他們去看他，還帶了兩個饅頭。
祖父死後，二人變賣了自己的私物，湊了幾十塊錢，將他安葬。
他們看到我，無比地高興，就像回到當年與我祖父共處時的歡樂
時光。他們一再述說祖父的恩情。但提到祖父的最後日子，均不
勝唏噓。我鄭重地再三感謝他們在我祖父最後的日子裏給他照顧
與安慰。

淮海會戰留痕，觸目心驚

　　我參觀了「淮海會戰紀念館」，令我觸目心驚的乃是見到
好多萬個石刻的共軍烈士名牌，其中有許多都是徐州四周的蘇
北、魯南子弟。據說還有許多死者連名字都未留下，至於老百姓
支援前線的死亡人數就更難統計了。展廳中有一幅巨畫，在冰天
雪地中，成千上萬的徐州四周的百姓推著獨輪雞公車輸糧支援解
放軍。我還見到一張放大的邱清泉將軍戰死的相片。他的肚子上
左右各有一個很大的彈痕，說明他是被機關槍擊斃的。他當時已
決定殉職，不願突圍，乃自行走進火線內。共軍稱他被擊斃，而
國軍說他是自殺成仁也是合理的。邱將軍盡到了軍人的天職，在
歷史上留下光榮的一頁。國、共雙方的史冊上都說邱清泉救援黃
百韜未盡全力，貽誤大局。但我們老家的人身歷其境，卻多不以
為然。當時邱、李兵團在我們村子附近被百姓挖壕溝一再阻攔，
機械化部隊寸步難進。國民黨在大陸的失敗主要是由於「失去民
心」，非戰之罪也。怎能將責任推到那些為了黨國獻出生命的將
士呢？

　　我小叔特別從外地趕來看我，我告訴他，父親生前在台灣經
常思念著他，我深深地感謝他1948年護送我們父子沿津浦路從徐

州到蚌埠。他與我談了他一生革命的往事，積其畢生的經驗，他囑我替鄉裡辦些「實體」。多年來，我均銘記於心，也盡己能而為，但總覺未足報答他當年護我父子南下之深情！

我與他談到了當年發生在我們家鄉的淮海會戰，問他：「在台灣，國民黨說你們是用『人海戰術』打贏的，可是真的？」他說：「淮海戰役是十分慘烈的，共軍犧牲的人數肯定比國軍要多。這個戰役延續了兩個多月。到後期，我們的基層指戰員大多是新人。兵士們只受了兩三週的訓練就上戰場了。很多人連槍都打不準，但就是勇敢，不怕子彈。有一次開戰前集隊，縱隊司令訓話，他說：『各位同志，打倒蔣介石！解放全中國！你們勇往直前，不要擔心，大家看，後面有幾千口棺材，都替你們準備好了！』」一將功成萬古枯，國共的鬥爭留下了多少的冤魂！

希望徐州再也沒有戰爭

其實，我們徐州的百姓並沒有為淮海會戰而感到自豪，道理很簡單，因為幾乎每家人都犧牲、離散了他們的親人、好友，破損了他們的家園。徐州人飽受戰爭的摧殘，他們比誰都更瞭解戰爭的殘酷、荒謬──可憐無定河邊骨，猶是春閨夢裏人。他們希望徐州再也沒有戰爭！中國也再沒有戰爭！

（原載於《世界日報》上下古今版，2010年5月17-20日）

【評論】
▍用思辯的眼光行走天下

讀萬卷書，行萬里路，這是很多人都嚮往的一種生活。說的
淺一點，它可能是少年時候的夢想、年輕時代的嚮往，也可能是
奮鬥者的跋涉、成功者的休閒。說的深一些，它不僅僅是一種生
活方式，更是一種人生境界。讀書增添智慧，行走積累閱歷，這
是眾所周知的道理。二者知行合一，審視古今的滄桑和興廢，觀
賞世界的壯觀與美麗，在閱讀和行走中健康快樂地生活，這確實
是多麼有意義的一件事情。

最近讀到卜一著《走不遍的天下》，便油然聯想到了這個
富有詩意的話題。卜一是我一位好友的筆名，交往多年，相知頗
深。卜一雖然不是一位專業的學者和作家，卻很有學問，對研
究歷史懷有濃厚興趣，對中國源遠流長絢麗多彩的傳統文化更
是津津樂道。每次我們飲茶小聚，或談天說地，或縱橫古今，都
聽到他有很多與眾不同的精妙之見。更難能可貴的是，他是一位
非常喜歡讀書和旅遊的人，多年來一直在閱讀和行走中生活，去
過一百多個國家，對這個世界有著更為直觀和真切的瞭解。他也
不是一般的讀書和旅遊，而是以審視古今的襟懷來閱讀和探討歷
史，用思辯的眼光去行走天下。他還經常向一些非常著名的學者
請教，如向許倬雲教授請教中國古代文明，向郭毅生教授請教太
平天國史，向其他學者請教的例子就更多了，都堪稱虛心向學、
問道於賢的學界佳話。他旅遊也非常有意思，不喜歡那種通常的

參團旅遊，大都是有感于某段史事而進行實地考察，或為瞭解體會某個地方的文化與民俗而深入行走，有著強烈的個性色彩。譬如出於對太平天國歷史的研究興趣，他曾專程去尋找和憑弔過馮雲山的殉難之處蓑衣渡，去考證和踏查過石達開覆敗於大渡河畔的古戰場。他還走過紅軍長征途中的很多地方，如六渡赤水之處、草地與臘子口等。實地考察過三國時期諸葛亮出山之前隱居隆中的茅廬舊址，明代英宗時發生「土木之變」的土木堡殘垣與村落等等。對瀘沽湖獨特的民俗、寧夏的回族風情、新疆和田沙漠與北疆喀納斯風景、青海湖的蒼涼、浙江雁蕩山的秀美、台海澎湖列島的今昔……都作過遊覽和考察。他還去過蒙古國體驗釣魚的樂趣，去過遙遠的南極觀賞真正的千里冰封，去過復活節島探訪奇妙的石像，去考察過印加文明……可謂足跡遍及天涯海角。

卜一著《走不遍的天下》，既記錄了他暢遊名山大川的感受，又敘述了他在世界各地的考察和思考。書中分為「懷古篇」、「搜奇篇」、「風情篇」、「隨感篇」、「天涯篇」五個部分，各由數篇文章組成。每篇文章都真實生動，精煉流暢，大有娓娓道來說古今、信馬由韁走天下的妙趣。郭毅生教授在序言中推許他是一位學者，更是一位旅行家，相信並非過譽。卜一雖然是經營實業的姣姣者，並非職業的旅行家，但他行走過的地方如此之多，探索求真的精神如此之強，思辯好學的性情如此之純，確實難能可貴，若是徐霞客在世也會稱為知音的。我們知道明代偉大的旅行家徐霞客曾將其畢生遊歷撰寫成了不朽巨著《徐霞客遊記》，卜一所撰雖然並非巨著，卻也繼承了親歷親聞親見的傳統，而這正是徐霞客所倡導的遊覽與思考的精髓之所在。

　　閱讀卜一著《走不遍的天下》，除了感受到他廣博的知識，體會到他獨特的見解與視野，更多的則是分享他旅遊的見聞與快樂。旅遊不僅僅是一種對世界的好奇，更重要的則是對生活的熱愛。通過閱讀與旅遊，也不單純是為了獲取一些有趣的談資，更重要的則是對生命的充實。讓我們享受閱讀，享受旅遊，在閱讀和行走中健康快樂地生活，這便是《走不遍的天下》告訴我們的一個最為動人而富有詩意的道理！希望朋友們讀過此書後，也都有同感，讓閱讀和行走也同樣為我們今後的生活增光添彩！

黃劍華　2010.3
四川省文物考古研究院研究員

▌致謝

　　首先要感謝許倬雲教授。多年來蒙他指教，使我學到許多研究歷史的方法，對問題的通盤思路，大處著眼、小處著手，增長了我對歷史的理解，也開闊了我的史觀。此次許教授不吝為本書作序，其中褒獎有過，令我這稱不上「入門弟子」者既深為感激，又惶恐慚愧。

　　一甲子老友林中明先生傳承其家學淵博、才高八斗，加之持之有恆，如今享譽文壇。我常與他討教文史，惜我疏於文采，總是望塵莫及，難以兼顧鄉先輩姚鼐所倡「義理、考據與文章」精義。他在本書序裡對我多所讚揚，實不敢當。其中推崇家父、祖行誼，令我憶及當年陳琳撰檄，論述孟德父、祖，曹公為之動容。回思家父、祖涉身板蕩圖強之際，履歷非凡，才學過人，惜遭時不遇以終。如今我年已近暮，只覺蹉跎歲月，一事無成，有忝先人。

　　黃劍華先生為歷史、考古專家，文采飛揚、著作等身。往年我在四川工作，一再向他求教史學問題，受益良多。愚作《走不遍的天下》出版後，他熱誠地發表書評，此書得以暢銷。令我感激不盡。

　　郭毅生教授、張注洪教授均一再鼓勵我寫作，並給予我史學的教導，叮囑我多到歷史遺址尋索書本上遺缺的資料與認知。啟發了我在旅遊中與古人如晤的興致，及開闊了我的歷史與世界觀。

林自森兄長年以來在修辭及提綱方面給我大力的協助，對本書的修改也提出許多寶貴意見。王右鈞兄為本書的校稿及出版多所奔勞。夏尚澄兄經常提供文史資料，並對本書的校稿、發行一再給予建議。黃廷章兄常與我討論世界各處的地質問題。以上諸位促使我完成本書。

秀威資訊科技公司邵亢虎經理誠摯地承擔出版本書，林千惠女士編輯、校對、完稿，賴英珍、姚宜婷二位女士作圖片設計、修飾，秦禎翊先生設計封面，使本書成為一個有檔次的作品。

在本書起草到完稿中，傅東鈞與吳曉農二位多次替我解決電腦問題，令本書圖文得以增色。

老妻細致安排旅遊，千山萬水，跋涉相伴，精心核校本書內容、修辭，將這些寶貴的經歷呈獻給讀者。

總之，沒有上述許多人的支援、協助，本書是無法完成的。

最後，補充前述《走不遍的天下》感謝未盡之意。在推銷與分送愚作《走不遍的天下》的過程中，宗啟成兄給予大力協助，戴齊、李植勇、任憲偉、劉欣及姚志軍等幾位辛勞萬分，魯西生教授也費心支援，使該書發行數量可觀。

卜一

2013年1月28日

釀文學137　PE0040

 行遠無涯

作　　　者	卜　一
責任編輯	林千惠
圖文排版	賴英珍、姚宜婷
封面設計	秦禎翊

出版策劃	釀出版
製作發行	秀威資訊科技股份有限公司
	114 台北市內湖區瑞光路76巷65號1樓
	電話：+886-2-2796-3638　傳真：+886-2-2796-1377
	服務信箱：service@showwe.com.tw
	http://www.showwe.com.tw
郵政劃撥	19563868　戶名：秀威資訊科技股份有限公司
展售門市	國家書店【松江門市】
	104 台北市中山區松江路209號1樓
	電話：+886-2-2518-0207　傳真：+886-2-2518-0778
網路訂購	秀威網路書店：http://www.bodbooks.com.tw
	國家網路書店：http://www.govbooks.com.tw
法律顧問	毛國樑　律師
總經銷	聯合發行股份有限公司
	231新北市新店區寶橋路235巷6弄6號4F
	電話：+886-2-2917-8022　傳真：+886-2-2915-6275

出版日期	2013年7月　BOD一版
定　　價	380元

國家圖書館出版品預行編目

行遠無涯 / 卜一著. -- 一版. -- 臺北市 : 釀出版,
　2013. 07
　　面 ；　公分
　BOD版
　ISBN 978-986-5871-26-0 (平裝)

　1. 遊記　2. 世界地理

719　　　　　　　　　　　　102003825

讀者回函卡

感謝您購買本書，為提升服務品質，請填妥以下資料，將讀者回函卡直接寄
回或傳真本公司，收到您的寶貴意見後，我們會收藏記錄及檢討，謝謝！
如您需要了解本公司最新出版書目、購書優惠或企劃活動，歡迎您上網查詢
或下載相關資料：http:// www.showwe.com.tw

您購買的書名：_____

出生日期：_____年_____月_____日

學歷：□高中 (含) 以下　　□大專　　□研究所 (含) 以上

職業：□製造業　□金融業　□資訊業　□軍警　□傳播業　□自由業
　　　□服務業　□公務員　□教職　　□學生　□家管　　□其它_____

購書地點：□網路書店　□實體書店　□書展　□郵購　□贈閱　□其他
您從何得知本書的消息？

　　□網路書店　□實體書店　□網路搜尋　□電子報　□書訊　□雜誌

　　□傳播媒體　□親友推薦　□網站推薦　□部落格　□其他_____

您對本書的評價：(請填代號　1.非常滿意　2.滿意　3.尚可　4.再改進)

　　封面設計____　版面編排____　內容____　文／譯筆____　價格____

讀完書後您覺得：

　　□很有收穫　□有收穫　□收穫不多　□沒收穫

對我們的建議：_____

_____

_____

_____

11466
台北市內湖區瑞光路 76 巷 65 號 1 樓

秀威資訊科技股份有限公司　　收

BOD 數位出版事業部

⋯⋯⋯⋯⋯⋯⋯⋯⋯⋯⋯⋯⋯⋯⋯⋯⋯⋯⋯⋯⋯⋯⋯⋯⋯⋯⋯⋯

（請沿線對折寄回，謝謝！）

姓　　名：＿＿＿＿＿＿＿＿　年齡：＿＿＿＿　性別：□女　□男

郵遞區號：□□□□□

地　　址：＿＿＿＿＿＿＿＿＿＿＿＿＿＿＿＿＿＿＿＿＿＿＿

聯絡電話：(日) ＿＿＿＿＿＿＿＿＿　(夜) ＿＿＿＿＿＿＿＿＿

E-mail：＿＿＿＿＿＿＿＿＿＿＿＿＿＿＿＿＿＿＿＿＿＿＿